COMMENTAIRE

SUR

LA LOI DU 24 JUILLET 1867

CONCERNANT LES CONSEILS MUNICIPAUX

SUIVI

DES INSTRUCTIONS DU MINISTRE DE L'INTÉRIEUR
SUR LES DISPOSITIONS DE CETTE LOI

PAR

G. WION D'ONZY
Chef du bureau de l'Administration et de la Comptabilité communales

ET

P. SAINT-YVES
Chef du bureau du Contentieux des communes
au Ministère de l'intérieur

PRIX : 4 FRANCS.

PARIS
LIBRAIRIE CLASSIQUE DE PAUL DUPONT
Rue de Grenelle-Saint-Honoré, 45

1867

COMMENTAIRE

SUR

LA LOI DU 24 JUILLET 1867

CONCERNANT LES CONSEILS MUNICIPAUX

COMMENTAIRE

SUR

LA LOI DU 24 JUILLET 1867

CONCERNANT LES CONSEILS MUNICIPAUX

SUIVI

DES INSTRUCTIONS DU MINISTRE DE L'INTÉRIEUR
SUR LES DISPOSITIONS DE CETTE LOI

PAR

G. WION D'ONZY
Chef du bureau de l'Administration et de la Comptabilité communales

ET

P. SAINT-YVES
Chef du bureau du Contentieux des communes
au Ministère de l'intérieur.

PARIS
LIBRAIRIE CLASSIQUE DE PAUL DUPONT
Rue de Grenelle-Saint-Honoré, 45

1867

PRÉFACE.

« On peut gouverner de loin, mais on n'ad-
« ministre bien que de près, et autant il im-
« porte de centraliser l'action gouvernemen-
« tale de l'État, autant il est nécessaire de
« décentraliser l'action purement administra-
« tive. »

C'est d'après cette pensée vraie et féconde qu'ont été conçus les deux décrets des 25 mars

1852 et 13 avril 1861 ; mais ces actes, qui ont simplifié et accéléré, dans des cas nombreux, l'instruction des affaires locales, n'ont pas accompli une décentralisation réelle et effective. Ils se sont bornés à supprimer un degré de l'échelle administrative, à déplacer les attributions en enlevant à l'autorité supérieure le droit d'approbation pour le déléguer aux préfets. D'ailleurs, les dispositions du décret de 1852 n'ont pas été maintenues dans leur intégrité ; la loi du 10 juin 1853, en rendant au gouvernement le droit exclusif que lui avait conféré la loi du 18 juillet 1837, d'autoriser les impositions extraordinaires et les emprunts, n'a pas tardé à reprendre une partie de ce que le décret avait donné ; de sorte que les communes ont continué à être placées, non-seulement sous la surveillance, mais aussi sous la tutelle de l'administration centrale.

En présence de ces tendances qui ne répondaient ni à l'esprit du décret de 1852, ni au vœu de l'opinion publique, une nouvelle réforme était devenue indispensable. « Notre système de centralisation, » a dit l'Empereur, dans sa lettre du 24 juin 1863 à M. le ministre président le conseil d'État, « a eu le grave « inconvénient d'amener un excès de réglementation. Nous avons déjà cherché à y « remédier ; néanmoins il reste encore beaucoup à faire. Autrefois, le contrôle incessant « de l'administration sur une foule de choses « avait peut-être sa raison d'être ; mais aujourd'hui ce n'est plus qu'une entrave. »

Le Gouvernement a jugé que le moment était venu d'entrer plus résolûment dans la voie du progrès, d'étendre les libertés des communes en ajoutant aux franchises qu'elles tiennent de la loi du 18 juillet 1837, de développer la vie et l'individualité municipales, en élargissant le cercle des attributions des conseils municipaux, en leur ouvrant une sphère d'action plus étendue, en augmentant leur droit d'initiative et leur part de responsabilité directe et personnelle, pour un grand nombre d'affaires qui touchent aux intérêts privés de la commune.

Tel est l'objet principal de la loi nouvelle ; elle a voulu concilier l'indépendance de l'administration municipale avec le droit de haute tutelle de l'autorité supérieure.

La loi est uniforme : conformément au principe d'égalité qui est si profondément entré dans nos mœurs, elle maintient toutes les communes sous le même régime administratif. Toutefois, ainsi que l'a fait remarquer M. Sénéca, dans son rapport au Corps législatif, cette règle de l'uniformité n'a jamais été et ne saurait être absolue : elle fléchit nécessairement là où se rencontrent des situations exceptionnelles et des intérêts qui ne sont pas purement communaux. C'est pourquoi le titre Ier de la loi est d'une application générale, tandis que le titre II concerne les villes et

les établissements de bienfaisance ayant, au moins, trois millions de revenu, et spécialement les villes de Paris et de Lyon.

Le titre III ne comprend qu'un seul article (art. 18). Il est relatif au renouvellement et à la durée du mandat des conseillers municipaux. Le mode d'élection qui existe aujourd'hui est conservé, c'est-à-dire : l'élection par le suffrage universel direct, que le décret du 3 juillet 1848 et les lois des 7 juillet 1852 et 5 mai 1855 ont substitué au régime électoral restreint de la loi du 21 mars 1831.

Les articles classés sous le titre IV, *Dispositions diverses*, ont une grande importance, notamment l'article 22, qui fixe la durée maximum des commissions municipales, et l'article 23, qui abroge l'article 50 de la loi du 5 mai 1855 concernant le partage des attributions de police.

Suivant les termes du rapport présenté au

Sénat par M. le président Bonjean, la loi du 24 juillet 1867 n'est ni une loi d'ensemble, ni une loi de principes ; c'est une loi de détail ; c'est la réunion des modifications qu'on a cru utile d'apporter à certaines dispositions des lois en vigueur, dont la nouvelle va devenir ainsi le complément nécessaire.

En faisant un commentaire de cette loi, en exposant, aussi clairement et aussi succinctement que possible, les changements et les améliorations qu'elle introduit dans le régime communal, nous avons voulu en faciliter l'intelligence et l'application, surtout dans les nombreuses communes rurales de l'empire où l'expérience manque encore, où les maires et les conseils municipaux n'ont pas acquis, le plus souvent, les traditions et la pratique des affaires.

Si nous réussissons à éclairer les administrations municipales sur l'étendue de leurs devoirs et la portée réelle de leurs droits, à aplanir des difficultés, à prévenir des conflits et des excès de pouvoirs, à assurer, enfin, une meilleure gestion des intérêts communaux, notre but sera atteint et nos efforts récompensés.

W. D.

Juillet 1867.

COMMENTAIRE

SUR

LA LOI DU 24 JUILLET 1867.

TITRE PREMIER.

Des attributions des Conseils municipaux.

ARTICLE PREMIER.

Les Conseils municipaux règlent, par leurs délibérations, les affaires ci-après désignées, savoir :

1° Les acquisitions d'immeubles, lorsque la dépense, totalisée avec celle des autres acquisitions déjà votées dans le même exercice, ne dépasse pas le dixième des revenus ordinaires de la commune ;

2° Les conditions des baux à loyer, des maisons et bâtiments appartenant à la commune, pourvu que la durée du bail ne dépasse pas *dix-huit* ans ;

3° Les projets, plans et devis de grosses réparations et d'entretien, lorsque la dépense totale afférente à ces projets et aux autres projets de la même nature, adoptés dans le même exercice, ne dépasse pas le cinquième des revenus ordinaires de la commune, ni, en aucun cas, une somme de 50,000 francs ;

4° Le tarif des droits de place à percevoir dans les halles, foires et marchés ;

5° Les droits à percevoir pour permis de stationnement et de locations sur les rues, places et autres lieux dépendant du domaine public communal ;

6° Le tarif des concessions dans les cimetières ;

7° Les assurances des bâtiments communaux ;

8° L'affectation d'une propriété communale à un service communal, lorsque cette propriété n'est encore affectée à aucun service public, sauf les règles prescrites par des lois particulières ;

9° L'acceptation ou le refus de dons ou legs faits à la commune sans charges, conditions ni affectation immobilière, lorsque ces dons et legs ne donnent pas lieu à réclamation.

En cas de désaccord entre le Maire et le Conseil municipal, la délibération ne sera exécutoire qu'après approbation du Préfet.

La loi du 18 juillet 1837 peut être considérée comme ayant, la première, par son article 17, investi les Conseils municipaux du droit de statuer par eux-mêmes et sans l'approbation de l'autorité supérieure, sur certaines matières d'intérêt local. Ce droit était limité aux quatre objets suivants :

1° Le mode d'administration des biens communaux;

2° Les conditions des baux à loyer ou à ferme, pourvu que la durée n'excédât pas neuf ans pour les premiers et dix-huit ans pour les seconds;

3° Le mode de jouissance et la répartition des pâturages et fruits communaux, autres que les bois, ainsi que les conditions à imposer aux parties prenantes;

4° Enfin, les affouages, en se conformant aux lois forestières.

Il suffit de rapprocher ces dispositions de l'article 1er de la loi actuelle pour reconnaître que celui-ci fait faire aux Conseils municipaux un pas marqué dans la voie de l'émancipation.

En matière d'acquisitions amiables, la loi du 18 juillet 1837 (art. 20) et le décret du 25 mars 1852 (*tableau* A, n° 41) soumettaient les délibérations de ces Conseils à l'approbation du Préfet. Sous le régime nouveau, ils pourront, sans autorisation, affecter à des dépenses de cette nature jusqu'au dixième des revenus ordinaires de leurs communes. Cette limite était nécessaire pour empêcher celles-ci de se créer des embarras en réalisant des acquisitions qui ne seraient pas proportionnées à leurs ressources.

Le droit que l'article 17 de la loi de 1837 attribuait aux Conseils municipaux, à l'égard des biens ruraux, de régler les conditions des baux n'excédant pas dix-huit années, se trouve étendu à toutes les propriétés communales sans distinction.

Quant aux baux des biens pris à loyer par les communes, quelle qu'en soit la durée, leurs délibérations restent soumises à l'approbation du Préfet, conformément aux articles 19 et 20 de la loi de 1837 et du décret du 25 mars 1852 (*tableau* A, n° 44.)

Il n'est pas non plus dérogé au deuxième paragraphe de l'article 47 de la loi de 1837 portant que, dans tous les cas, l'acte de bail passé par le Maire n'est exécutoire qu'après l'approbation du Préfet.

Aux termes des articles 19 et 45 de la loi de

1837 et du décret du 25 mars 1852 (*tableau* A, n° 49), les plans et devis de tous les projets de travaux communaux devaient être revêtus de l'approbation préfectorale. Ils ne seront plus soumis à ce contrôle pour les travaux de *grosses réparations* et d'*entretien* qui pourront être exécutés, dans un même exercice, sans entraîner une dépense supérieure au cinquième des revenus communaux ordinaires et, en aucun cas, à 50,000 francs. On comprend facilement qu'il eût été imprudent et contraire aux intérêts mêmes des communes de les affranchir de toute surveillance à l'égard, soit de constructions neuves, soit de projets de restauration par trop considérables.

Pour établir, dans le cas de l'approbation des §§ 1 et 3, le *dixième* ou le *cinquième* des revenus d'une commune, il faudra calculer, non pas d'après le chiffre total des recettes ordinaires portées au budget d'un exercice, mais bien d'après la *moyenne* de ces recettes, telle qu'elle résulte des trois derniers comptes administratifs.

Les Conseils municipaux ne tenaient de l'article 19 (n° 2) de la loi de 1837, que le droit de *délibérer* sur les tarifs et règlements de perception de tous les revenus communaux, et leurs délibérations étaient soumises à l'approbation, soit du Préfet, soit du Sous-Préfet, suivant les cas, conformément aux décrets des 25 mars 1852 et 13 avril 1861. Ces délibérations seront désormais exécutoires par elles-mêmes, en ce qui concerne :

les droits de places dans les halles, foires et marchés ;

Les droits de stationnement et de location sur les rues, places et autres lieux dépendant du domaine public *communal* ;

Les tarifs de concessions de terrains délivrées dans les cimetières pour fondation de sépultures particulières.

Il est à remarquer que la nouvelle règle ne s'étend ni aux tarifs des droits à percevoir dans les abattoirs qui restent spécialement régis par le décret du 1er août 1864, ni aux droits de stationnement sur les ports, quais, rivières et autres lieux dépendant de la grande voirie.

Bien que la loi du 11 frimaire an VII (art. 7, n° 3) et celle du 18 juillet 1837 (art. 31, n° 7) aient rangé ces droits au nombre des recettes communales, il a été reconnu que leur perception touchait à des intérêts généraux, tels que ceux de la navigation, de la liberté du commerce, etc., etc. ; que le Gouvernement avait dès lors pour devoir de se réserver toute décision en pareilles matières. Les tarifs de ces droits, délibérés par les conseils municipaux, sont, par suite, restés, même depuis le décret de 1852, soumis à l'approbation du Ministre de l'intérieur, qui ne statue qu'après avoir pris l'avis du Ministre de l'agriculture, du commerce et des travaux publics.

L'approbation des polices d'assurances passées par les communes, soit avec les compagnies à prime, soit avec les compagnies mutuelles, avait été d'abord attribuée aux Préfets par le décret de 1852 (*tableau* A, n° 52), puis aux Sous-Préfets par celui du 13 avril 1861. Les Conseils municipaux auront actuellement tout pouvoir pour choisir les compagnies qui leur inspireront le plus de confiance, et pour débattre avec elles les conditions des traités.

L'article 19 (n° 3) de la loi du 18 juillet 1837 soumettait à l'approbation préfectorale toute délibération ayant pour objet d'affecter une propriété communale à un service public. Cette approbation n'est plus nécessaire que dans le cas où la propriété serait déjà affectée à un autre service.

Enfin, le droit que le décret de 1852 (*tableau* A, n° 42) avait conféré aux Préfets de statuer sur tous les dons et legs faits aux communes sans réclamation de la part des familles, se trouve sensiblement modifié. Toutes les fois que les libéralités ne seront subordonnées à aucune charge, à aucune condition, ni à aucune affectation immobilière, les Conseils municipaux pourront décider en dernier ressort de leur acceptation ou de leur répudiation.

Cette extension importante donnée aux attributions des Conseils municipaux, en simplifiant l'instruction et en rendant plus prompte la solution d'un grand nombre d'affaires, aura évidemment pour résultat d'imprimer à la vie communale une heureuse activité. Mais elle aurait pu entraîner également des inconvénients sérieux si la loi eût, d'une manière absolue, abandonné ces affaires à la décision immédiate et souveraine des Conseils. Il importait de protéger les intérêts des communes contre des délibérations irréfléchies ou peu éclairées. Le Gouvernement avait, dans ce but, rédigé ainsi l'article dont nous nous occupons : « Les Conseils municipaux règlent, *sur la proposition du Maire*.... etc., etc. »

Mais cette rédaction prêtait à l'équivoque : elle pouvait être interprétée en ce sens qu'à l'égard de toutes les affaires intéressant la commune, l'initiative appartiendrait exclusivement au Maire; que le Conseil municipal ne pourrait pas en délibérer tant qu'il n'en serait pas saisi par cette initiative, et, que même une fois saisi, il n'aurait pas la faculté de modifier les propositions qui lui seraient soumises. Sur l'observation qui en a été faite par la commission du Corps législatif chargée de l'examen du projet de loi, le Gouvernement a consenti à ce que les mots : *sur la proposition du Maire* fussent remplacés par la disposition qui termine actuellement les articles 1er, 3 et 9 de la loi : *en cas de désaccord entre le Maire et le Conseil mnuicipal, la délibération ne sera exécutoire qu'après l'approbation du Préfet.*

Cette disposition a été, à la Chambre, l'objet d'une vive discussion : on l'a critiquée comme ayant pour résultat, non-seulement de recentraliser, c'est-à-dire de remettre entre les mains et à la volonté de l'administration supérieure les affaires dont la loi nouvelle prétend attribuer le règlement aux Conseils municipaux, mais encore de porter atteinte aux pouvoirs que ceux-ci tenaient de l'article 17 de la loi du 18 juillet 1837, lequel leur permettait de régler définitivement certaines matières, sans exiger qu'il y eût accord entre le Maire et le Conseil municipal.

Ecartons, tout d'abord, cette dernière objection : on ne saurait admettre raisonnablement qu'une loi, dont le but incontestable est d'élargir le cercle dans lequel se mouvaient déjà librement les Conseils municipaux, ait pu se proposer de restreindre leurs attributions antérieures. Il n'est donc pas douteux que la disposition finale des articles 1er, 3 et 9, s'applique exclusivement aux objets nouveaux dont le règlement est conféré aux Conseils municipaux. Rien dans le texte de la loi actuelle n'autorise à considérer la disposition dont il s'agit comme s'étendant aux matières énumérées dans l'article 17 de la loi du 18 juillet 1837, et le rapporteur de la Commission a d'ailleurs fait à cet égard, lors de la discussion, une déclaration qui lève toute incertitude.

Quant à l'autre objection, elle est plus sérieuse. On ne peut nier que la loi, en même temps qu'elle confère aux Conseils municipaux le droit de régler par eux-mêmes certaines affaires, restreint immédiatement ce droit en subordonnant leurs délibérations à l'approbation du Préfet, pour les cas où un désaccord s'élèverait entre le Conseil municipal et le Maire.

La question est de savoir, d'une part, si cette restriction n'était pas commandée par la nature des choses et, d'autre part, si les nouveaux pouvoirs attribués aux Conseils municipaux ne constituent pas, même ainsi limités, une amélioration réelle du régime communal.

Nous n'hésitons pas à nous prononcer pour l'affirmative.

Les Conseils municipaux vont être appelés, pour la première fois, à statuer, par eux-mêmes, dans un grand nombre d'affaires où les intérêts des communes se trouvent souvent engagés et pour le présent et pour l'avenir. Beaucoup d'entre eux, on ne saurait le contester, sont loin de posséder les lumières que réclamerait cette nouvelle situation. Il y aurait eu, dès lors, imprudence à laisser la solution de questions importantes dépendre absolument d'une délibération prise quelquefois sans examen suffisant, quelquefois à la majorité d'une seule voix. Il fallait que, dans certains cas, l'autorité centrale, avertie des dangers que couraient les intérêts communaux, pût ressaisir, un moment, ses anciennes attributions de tutelle, non pas, comme on l'a prétendu, pour imposer ses volontés aux communes, mais pour défendre ces dernières contre des entraînements irréfléchis. Telle est, d'après les explications données par M. le ministre présidant le conseil d'Etat, la véritable portée de la disposition qui empêche les délibérations municipales de devenir immédiatement exécutoires si le Maire les juge contraires aux intérêts communaux, et, selon nous, cette disposition ainsi interprétée se justifie pleinement.

Nous pensons également qu'elle ne sera pas un obstacle à ce que les Conseils municipaux exercent fréquemment les nouveaux pouvoirs qui leur sont dévolus.

En réalité, et bien qu'il n'y soit pas obligé, c'est dans le sein de ces Conseils que le pouvoir central, sauf de rares exceptions, choisit les

Maires. En réalité aussi, et par la même raison, la bonne harmonie, l'unité de vues entre les Maires et leurs Conseils constituent la règle générale, et la loi n'avait pas à tenir compte de ces antagonismes, sans doute regrettables, mais toujours momentanés, qui viennent, de temps à autre, entraver l'administration d'une commune.

Il est donc permis de supposer que, dans la plupart des cas où les Conseils municipaux auront à s'occuper des objets auxquels s'appliquent les articles 1er, 3 et 9 de la loi nouvelle, leurs déterminations, arrêtées de concert avec les Maires, se trouveront exécutoires de plein droit; que le recours à l'intervention de l'administration supérieure sera des plus rares, et que, par conséquent, la disposition, insérée par une sage précaution à la fin de ces articles, n'empêchera pas le nombre des affaires communales réellement décentralisées d'augmenter dans une notable proportion.

ART. 2.

Lorsque le budget communal pourvoit à toutes les dépenses obligatoires et qu'il n'applique aucune recette extraordinaire aux dépenses, soit obligatoires, soit facultatives, les allocations portées audit budget par le Conseil municipal pour des dépenses facultatives ne peuvent être ni changées ni modifiées par l'arrêté du Préfet ou par le décret impérial qui règle le budget.

On sait que le budget communal est une sorte de tableau synoptique présentant les recettes et les dépenses de toute espèce, qui sont présumées devoir se réaliser pendant le cours de l'exercice, et que, dans ce tableau, les recettes et les dépenses sont divisées selon leur nature ordinaire ou extraordinaire.

L'article 30 de la loi du 18 juillet 1837 a énuméré les dépenses obligatoires des communes, et depuis, certaines autres ont également été mises à leur charge par des dispositions de lois.

A l'exception des dépenses obligatoires annuelles, c'est-à-dire de celles qui sont indispensables pour assurer la marche régulière des services les plus essentiels de la commune, il appartient exclusivement au Conseil municipal d'allouer ou de ne pas allouer des crédits pour les dépenses purement facultatives. Toutefois, comme le budget doit se régler en équilibre, il y a lieu de restreindre ou d'ajourner toute dépense facultative pour le payement de laquelle la caisse municipale n'aurait pas de ressources suffisantes.

Les dépenses proposées au budget d'une commune peuvent être rejetées ou réduites par l'autorité qui règle ce budget; mais elles ne peuvent être augmentées qu'autant qu'elles sont obligatoires. (*Art.* 36 *et* 38 *de la loi du* 18 *juillet* 1837.)

Le décret législatif du 25 mars 1852, modifiant sur ce point les articles 33 et 34 de la même loi, a conféré aux Préfets le droit d'approuver le budget de toutes les communes, quel que soit le chiffre de leurs revenus, sauf le budget de la ville de Paris. Cette règle ne souffre d'exception que lorsque le budget d'une ville ayant plus de cent mille francs de recettes ordinaires comprend une imposition extraordinaire proprement dite, figurant en recettes, pour la première fois sans avoir encore été autorisée. Dans ce cas le budget doit être soumis à l'approbation du Gouvernement.

Telle était la législation en vigueur.

L'article 2 de la nouvelle loi introduit une innovation importante : elle laisse à l'entière disposition du Conseil municipal, pour qu'il les emploie comme il l'entendra, les excédants qui resteront sur les recettes *ordinaires* , après qu'il aura été pourvu à toutes les dépenses obligatoires, et lorsque, d'ailleurs, aucune recette *extraordinaire* n'est affectée aux dépenses, soit obligatoires, soit facultatives.

Ainsi, sous cette réserve, le Conseil municipal demeure maître absolu d'appliquer les excédants de recettes aux dépenses facultatives qu'il jugera les plus utiles, sans que l'autorité qui règle le budget puisse changer ou modifier les allocations portées à ce budget par le Conseil.

Les articles 31 et 32 de la loi du 18 juillet 1837 ont déterminé quelles sont les recettes *ordinaires* et les recettes *extraordinaires* des communes.

Parmi les recettes *ordinaires*, on voit figurer :

1° Le produit des centimes *ordinaires* affectés aux communes par les lois de finances; 2° le produit de la portion qui leur est accordée dans l'impôt des patentes.

Ces *centimes ordinaires* sont les cinq centimes

additionnels au principal de la contribution foncière et de la contribution personnelle et mobilière, attribués aux communes par la loi du 11 frimaire an VII et par la loi de finances du 15 mai 1818.

La portion de l'impôt des patentes consiste dans les huit centimes par franc que, d'après l'article 32 de la loi du 25 avril 1844, les communes touchent sur le montant des rôles.

Doit-on considérer comme recette *ordinaire*, ou *extraordinaire*, le produit des centimes spéciaux créés par les lois des 21 mai 1836 et 15 mars 1850 pour l'entretien annuel des chemins vicinaux et le service de l'instruction primaire, ainsi que le produit des centimes applicables au payement du salaire des gardes champêtres ? En d'autres termes, l'article 2 de la nouvelle loi peut-il être appliqué aux communes qui comprennent dans leurs excédants de recettes *ordinaires* le montant de ces centimes ?

Cette question doit être résolue affirmativement. En effet les centimes spéciaux ont une destination précise dont ils ne peuvent être détournés sous aucun prétexte ; ils ont, en outre, un caractère annuel qui marque leur place dans la catégorie des recettes *ordinaires*.

Une autre interprétation serait évidemment contraire à l'esprit de décentralisation.

Art. 3.

Les Conseils municipaux peuvent voter, dans la limite du maximum fixé chaque année par le Conseil général, des contributions extraordinaires n'excèdant pas cinq centimes pendant cinq années, pour en affecter le produit à des dépenses extraordinaires d'utilité communale.

Ils peuvent aussi voter trois centimes extraordinaires, exclusivement affectés aux chemins vicinaux ordinaires.

Les Conseils municipaux votent et règlent, par leurs délibérations, les emprunts communaux remboursables sur les centimes extraordinaires votés, comme il vient d'être dit au premier paragraphe du présent article, ou sur les ressources ordinaires, quand l'amortissement, en ce dernier cas, ne dépasse pas douze années.

En cas de désaccord entre le Maire et le Conseil municipal, la délibération ne sera exécutoire qu'après approbation du Préfet.

Les dispositions de la loi du 18 juillet 1837, relatives aux impositions extraordinaires et aux emprunts communaux, avaient été modifiées par le décret du 25 mars 1852 ; mais elles furent remises en vigueur par la loi du 10 juin 1853. Sous le régime de la loi de 1837, les délibérations du Conseil municipal concernant une contribution extraordinaire destinée à subvenir aux dépenses obligatoires n'étaient exécutoires qu'en vertu d'un arrêté du Préfet, s'il s'agissait d'une commune ayant moins de cent mille francs de revenu, et d'un décret, s'il s'agissait d'une commune ayant un revenu supérieur. Dans le cas où la contribution extraordinaire avait pour but de subvenir à d'autres dépenses que les dépenses obligatoires, elle ne pouvait être autorisée que par décret, s'il s'agissait d'une commune ayant moins de cent mille francs de revenu, et par une loi, s'il s'agissait d'une commune ayant un revenu supérieur. (Art. 40.)

Aucun emprunt ne pouvait être autorisé que par décret rendu dans la forme des règlements d'administration publique, pour les communes ayant moins de cent mille francs de revenu, et par une loi, pour une commune ayant un revenu supérieur. (Art. 41.)

Si l'on compare ces dispositions avec celles de la nouvelle loi, on reconnaît qu'en ce qui concerne les impositions extraordinaires et les emprunts, l'article 3 étend largement la liberté d'action et les pouvoirs des Conseils municipaux, au lieu de se borner, comme le décret du 25 mars 1852, à changer la compétence en transférant entre les mains des Préfets les attributions qui appartenaient au Gouvernement. Sauf pour le cas prévu au deuxième paragraphe de l'article 7, l'article 3 supprime la distinction établie par les articles 40 et 41 précités de la loi de 1837, entre les communes ayant moins de cent mille francs de revenu et celles ayant un revenu supérieur, et il investit le Conseil municipal du droit de *régler* par son vote : 1° les contributions extraordinaires n'excédant pas cinq centimes pendant cinq ans ; 2° les emprunts remboursables, en cinq ans, sur le produit de ces centimes extraordinaires, ou en douze ans, sur les ressources ordinaires. De plus, il accorde au conseil la faculté de voter trois centimes *extraordinaires* pour les chemins vicinaux ordinaires.

Le vote du Conseil municipal sur ces trois objets est définitif. Ces sortes d'affaires se trouveront ainsi terminées sur place, en cas d'accord entre le Conseil et le Maire, et sous la réserve de l'application, s'il y a lieu, de *l'article* 18 de la loi de 1837. Nous reviendrons plus loin sur ce dernier article.

Il résulte expressément du texte de la nouvelle

loi et de la discussion au Corps législatif que les cinq centimes *extraordinaires*, mentionnés au premier paragraphe de l'article 3, doivent être employés à des dépenses *extraordinaires*, et que le produit, ou une portion quelconque du produit de ces centimes ne saurait servir à combler le *déficit des ressources ordinaires*.

La loi du 21 mai 1836 a exercé une heureuse influence sur les progrès du service vicinal. Des améliorations considérables ont été apportées, depuis quelques années surtout, au réseau des chemins de grande communication et d'intérêt commun ; mais il reste beaucoup à faire en ce qui concerne les chemins vicinaux ordinaires. Les ressources spéciales sont, la plupart du temps, insuffisantes pour assurer l'entretien des voies existantes, et, à plus forte raison, elles ne permettent pas de construire de nouvelles lignes réclamées par les populations. La disposition du deuxième paragraphe de l'article 3 de la loi de 1867, qui donne aux Conseils municipaux la faculté de voter trois centimes extraordinaires, exclusivement destinés aux chemins vicinaux ordinaires, est donc un véritable bienfait pour les communes rurales qu'intéresse si vivement la confection de ces modestes, mais utiles voies de communication.

Rien n'est changé, d'ailleurs, à la loi de 1836 : on maintient et les trois journées de prestation et les cinq centimes spéciaux que, cumulativement ou séparément, le Conseil municipal et le Préfet peuvent affecter au service vicinal, qui sera ainsi doté de nouvelles ressources provenant des trois centimes extraordinaires. Aucune portion du produit de ces centimes, destinés à la classe spéciale des chemins vicinaux ordinaires, ne pourra être détournée, par la volonté du Préfet, de cette destination, pour être affectée à une autre partie quelconque du service vicinal. Les Conseils municipaux restent donc maîtres et du vote et de l'emploi de cette catégorie de centimes spéciaux.

D'après quelles règles ces centimes seront-ils votés?

On sait que, depuis la loi du 21 mai 1836, les centimes spéciaux pour le service vicinal qui, précédemment, étaient votés par les Conseils municipaux, avec l'adjonction des plus imposés, ne sont plus votés que par les Conseils municipaux *seuls*. Il est bien entendu que, pour le vote des trois centimes supplémentaires, l'*assemblée d'adjonction* devra être réunie, sauf le cas où, d'après le premier paragraphe de l'article 42 de la loi de 1837, le concours des plus imposés n'est pas exigé.

Il en sera de même pour les 4 centimes supplémentaires, que la loi du 10 avril 1867, sur l'enseignement primaire, autorise les Conseils municipaux à voter pour la gratuité absolue de l'instruction.

Un amendement avait été proposé dans le but de faire ajouter au deuxième paragraphe de l'article 3 une disposition portant qu'en sus des trois nouveaux centimes, les Conseils municipaux pourraient voter *un jour de prestation* exclusivement affecté aux chemins *ruraux* ou *d'exploita-*

tion faisant partie du domaine public communal.

Il a été répondu par le Gouvernement, d'accord avec la Commission, que le nombre des journées de prestation qui pouvaient être imposées était, avant 1836, de *deux* seulement, et que c'est en 1836 que le nombre fut porté à *trois*; qu'en l'élevant aujourd'hui à *quatre*, on aggraverait la charge, déjà assez lourde, qui pèse sur les habitants peu aisés des campagnes ; qu'au surplus, s'il s'agit d'un chemin intéressant l'universalité des habitants de la commune, le Conseil municipal, qui vient d'être pourvu de ressources nouvelles, pourra demander le classement de ce chemin comme vicinal ; que si, au contraire, le chemin qu'il s'agirait d'améliorer est une de ces voies qui n'intéressent que certains propriétaires, ce serait une mesure grave et peu équitable que d'y appliquer le produit d'une quatrième journée de prestation.

L'amendement n'a pas été admis. Toutefois, le Gouvernement a reconnu qu'une question aussi délicate, qui touchait à tant d'intérêts divers, méritait un sérieux examen ; qu'on aurait donc à rechercher, en temps opportun, les moyens les plus efficaces d'arriver à une solution de nature à satisfaire à la pensée qui a dicté l'amendement, en appliquant aux chemins ruraux, soit le système de la loi de 1836, soit le système du syndicat, soit l'un et l'autre combinés.

L'article 4 de la loi du 18 juillet 1866 a chargé le Conseil général de fixer, chaque année, le maximum du nombre des centimes extraordinaires que les Conseils municipaux sont autorisés à voter pour des dépenses extraordinaires d'utilité communale. Ce maximum ne peut dépasser vingt centimes. Le Conseil général appréciera s'il convient, ou non, d'atteindre cette limite, en tenant compte de diverses circonstances, notamment de la richesse du département et des facultés contributives de la majorité des communes. On ne comprendra pas dans ce maximum les centimes *ordinaires* pour l'instruction primaire et les chemins vicinaux, ceux qui sont destinés à payer le salaire des gardes champêtres et à suppléer à l'insuffisance des revenus de la commune. Il en sera de même des *nouveaux* centimes qu'en vertu de la loi du 10 avril 1867 et du deuxième paragraphe de l'article 3 de la présente loi, les Conseils municipaux sont libres de voter pour les besoins de l'enseignement public et les dépenses des chemins vicinaux ordinaires. Si ces nouveaux centimes devaient entrer en ligne de compte dans le maximum, le droit attribué aux Conseils municipaux par le premier paragraphe de l'article 3 deviendrait très-restreint et presque illusoire.

Les centimes *spéciaux primitifs* continueront à être votés dans les mêmes conditions que précédemment, savoir ;

Ceux pour les chemins vicinaux et l'instruction primaire, par le Conseil municipal seul (*art.* 2 *de la loi du* 21 *mai* 1836, *et* 40 *de la loi du* 15 *mars* 1850).

Ceux pour le salaire des gardes champêtres, par le Conseil municipal et *les plus imposés*, conformément aux dispositions de l'article 42 de la loi du 18 juillet 1837, à l'exception des communes où le recours aux assemblées d'adjonction n'est pas exigé.

Les délibérations prises par les Conseils municipaux pour voter les centimes spéciaux ne sont soumises, à aucun degré, à la sanction de l'autorité supérieure. Le Préfet doit simplement vérifier si le vote est régulier et s'il ne viole aucune disposition des lois et règlements. Après cette vérification, ce fonctionnaire transmet au Directeur des contributions un état de toutes ces impositions, revêtu de son visa, pour qu'elles soient comprises dans les rôles généraux.

Quant aux *nouveaux* centimes *supplémentaires* pour l'enseignement gratuit et les chemins vicinaux, nous avons dit plus haut qu'ils devront être votés dans la même forme que les autres centimes *extraordinaires*. De plus, la délibération ne sera définitive et exécutoire qu'en cas d'accord entre le Maire et le Conseil municipal.

Art. 4.

A l'avenir, les forêts et les bois de l'État acquitteront les centimes additionnels ordinaires et extraordinaires affectés aux dépenses des communes, dans la proportion de la moitié de leur valeur imposable, le tout sans préjudice des dispositions de l'article 13 de la loi du 21 mai 1836, de l'article 3 de la loi du 12 juillet 1865, et du paragraphe 2 de l'article 3 de la présente loi.

Cet article reproduit une disposition insérée dans la loi du 18 juillet 1866 sur les Conseils généraux (art. 6).

C'est en vertu de la loi du 19 ventôse an IX que les bois et forêts de l'État sont exemptés de toute contribution. Plus tard, la loi du 2 mars 1832 sur la liste civile, disposa, par son article 13, que les propriétés de la couronne ne seraient pas soumises à l'impôt, mais qu'elles supporteraient néanmoins toutes les charges communales et départementales.

Lorsque le législateur de 1836 créa des ressources spéciales pour les chemins vicinaux, il décida (*art. 13 de la loi du 21 mai*) que les propriétés de l'État, productives de revenus, contribueraient à ces dépenses dans les mêmes proportions que les propriétés privées.

Enfin, l'article 3 de la loi du 12 juillet 1865, sur les chemins de fer d'intérêt local, porte que l'article 13 précité de la loi de 1836 sera applicable aux centimes extraordinaires que les communes et les départements s'imposeront pour l'exécution de ces chemins.

Telle fut la législation jusqu'en 1866. A cette

époque, pour satisfaire aux nombreuses et persévérantes réclamations que cette législation avait soulevées de la part des communes et des départements, et au sein des Chambres, la Commission chargée de l'examen du projet de loi sur les Conseils généraux proposa d'appliquer aux bois et forêts de l'État le principe de l'égalité de l'impôt. Mais on lui objecta qu'en général dans les communes où se trouvent des bois et forêts appartenant à l'État, les habitants, surtout les habitants propriétaires, sont les moins nombreux, et qu'ils pourraient avoir intérêt à imposer des centimes dont la majeure partie retomberait à la charge de l'État. Une transaction est alors intervenue entre les commissaires du Gouvernement et la Commission, et il a été admis qu'on ferait supporter aux bois et forêts de l'État les mêmes centimes qu'aux propriétés privées, *mais seulement pour la moitié de leur valeur imposable.*

La loi du 19 ventôse an IX se trouve ainsi abrogée, et le principe de l'égalité des charges dans la répartition de l'impôt demeure désormais acquis aux départements et aux communes, quoique l'application en soit encore restreinte.

ART. 5.

Les Conseils municipaux votent, sauf l'approbation du Préfet :

1° Les contributions extraordinaires qui dépasseraient cinq centimes, sans excéder le maximum fixé par le Conseil général, et dont la durée ne serait pas supérieure à douze années;

2° Les emprunts remboursables sur ces mêmes contributions extraordinaires ou sur les revenus ordinaires dans un délai excédant douze années.

Aucune critique ne s'est élevée contre l'article 5. Les adversaires de la présente loi, ceux qui trouvent qu'elle n'est pas assez décentralisatrice, ont reconnu eux-mêmes que, s'il importe d'affranchir les communes des entraves d'une centralisation administrative exagérée, il est impossible d'abandonner, sans frein ni contrôle, aux Conseils municipaux, souvent plus préoccupés du présent que de l'avenir, la création de toutes les ressources extraordinaires.

« Si les autorités locales avaient pleine liberté d'établir des taxes, les facultés contributives des citoyens, bientôt épuisées, ne pourraient que difficilement subvenir aux sacrifices que l'État est appelé à leur demander pour les dépenses d'intérêt général; car, enfin, contributions principales, contributions départementales, contributions communales, toutes puisent à la même source, c'est-à-dire dans la bourse des contribuables. » (*Extrait du rapport de M. le président Bonjean.*)

La loi de 1837 exigeait l'approbation du Corps législatif pour les demandes d'impôt et d'emprunt formées par les communes ayant un revenu supérieur à cent mille francs, et un décret pour les autres communes, décret qui devait être délibéré en conseil d'État, s'il s'agissait d'un emprunt.

D'après l'article 5, *qui ne distingue pas entre ces deux catégories de communes*, une simple approbation préfectorale suffira :

1° Pour les impositions extraordinaires dépassant cinq centimes, sans excéder le maximum fixé par le conseil général ni la durée de douze ans ;

2° Pour les emprunts remboursables sur ces mêmes contributions extraordinaires, ou sur les revenus ordinaires, dans un délai supérieur à douze ans.

Ces sortes d'affaires sont les plus nombreuses. La grande majorité des communes, lorsqu'elles ont à pourvoir à une dépense extraordinaire, ne peuvent trouver dans leurs revenus des ressources suffisantes; elles sont, dès-lors, obligées de recourir à la voie de l'emprunt et de l'imposition, et, en général, pour une durée de douze à quinze ans. Désormais, la marche de ces affaires sera plus rapide et les délais seront sensiblement abrégés, lorsque l'action de l'autorité préfectorale permettra d'éviter les circuits qu'entraînait nécessairement l'intervention de l'administration centrale. C'est donc là une amélioration réelle, un progrès marqué.

Art. 6.

L'article 18 de la loi du 18 juillet 1837 est applicable aux délibérations prises par les Conseils municipaux, en exécution des articles 1, 2 et 3 qui précèdent.

L'article 42 de la même loi est applicable aux contributions extraordinaires et aux emprunts votés par les Conseils municipaux, en exécution des articles 3 et 5.

---

§ I.

L'article 18 de la loi du 18 juillet 1837 porte :
« L'expédition de toute délibération sur un

« des objets énoncés dans l'article précédent est « immédiatement adressée par le Maire au Sous- « Préfet qui en délivre ou fait délivrer récépissé. « La délibération est exécutoire si, dans les trente « jours qui suivent la date du récépissé, le Préfet « ne l'a pas annulée, *soit d'office*, pour violation « d'une disposition de loi ou d'un règlement « d'administration publique, *soit sur la réclama-* « *tion de toute partie intéressée*. Toutefois, le « Préfet peut suspendre l'exécution de la délibé- « ration pendant un autre délai de trente jours. »

Cet article soulève une question d'interprétation fort délicate, et nous hasarderons cette opinion que les termes dans lesquels il est conçu ne répondent pas plus à l'intention des auteurs de la loi actuelle, qu'ils ne répondaient à celle du législateur de 1837.

Rappelons d'abord que l'article 18 a pour objet de soumettre au contrôle des Préfets les délibérations prises par les Conseils municipaux sur des matières d'intérêt exclusivement communal, dont la loi leur attribue le *règlement*, c'est-à-dire à l'égard desquelles elle a entendu leur conférer un droit d'appréciation absolu, un plein pouvoir de décision. Que la loi ait ensuite prévu le cas où, dans leurs déterminations, ces Conseils sortiraient des limites de la légalité; qu'elle ait laissé à l'autorité supérieure, comme correctif, le pouvoir nécessaire pour faire respecter celle-ci, rien de plus admissible, et si l'article 18 se bornait à attribuer aux Préfets le droit d'annuler leurs délibérations *pour violation d'une disposition de loi ou d'un règlement d'administration publique*, il serait à l'abri de toute objection. Mais quand il ajoute que cette annulation pourra être également prononcée *sur la réclamation de toute partie intéressée*, nous le trouvons très-difficile à expliquer.

Il est évident que toute mesure arrêtée par un Conseil municipal en vertu, soit de l'article 17 de la loi du 18 juillet 1837, soit des articles 1, 2 et 3 de la loi nouvelle (mode de jouissance des biens communaux, acquisitions, travaux, impositions, etc., etc.), *intéresse*, soit directement, soit indirectement, chacun des membres de la communauté, habitant ou forain, et qu'un certain nombre de ces membres peut ne pas partager la manière de voir du Conseil.

Dans un autre ordre d'idées, il peut aussi arriver, et même assez fréquemment, que telle détermination du Conseil municipal, incontestée au point de vue des intérêts de la commune, froisse les intérêts *privés* d'habitants ou de propriétaires.

Si l'on admet que, dans l'un ou l'autre de ces deux cas, le Préfet ait le droit, sur des réclamations qui lui seraient adressées, de substituer son appréciation à celle du Conseil municipal, de s'opposer à l'exécution et de prononcer l'annulation des délibérations du Conseil, que devient le pouvoir de règlement de ce dernier? Quelle différence réelle y a-t-il entre les délibérations que la loi a entendu rendre exécutoires par elles-mêmes, et celles qu'elle a subordonnées à l'approbation de l'autorité préfectorale?

Nous pensons donc qu'il convient de ne pas trop s'attacher, comme l'ont fait la plupart des commentateurs, à la lettre, à la construction grammaticale de l'article 18 de la loi du 18 juillet 1837. Selon nous, le Préfet doit réserver, à peu près exclusivement, son pouvoir d'annulation pour les cas de violation d'une loi ou d'un règlement.

Quant aux réclamations des tiers, pour qu'elles puissent motiver l'annulation d'une délibération, il faut, tout au moins, qu'elles soient fondées sur la *lésion d'un droit*, et qu'elles ne reposent pas seulement, soit sur un intérêt personnel plus ou moins indirect, soit sur une appréciation différente de l'intérêt général de la communauté.

§ II.

L'article 42 de la loi de 1837, que le deuxième paragraphe de l'article 6 de la nouvelle loi déclare applicable aux impositions extraordinaires et aux emprunts votés par le Conseil municipal, en exécution des articles 3 et 5, est la reproduction des articles 39 et 43 de la loi du 15 mai 1818.

Voici le texte de cet article 42 :

« Dans les communes dont les revenus sont « inférieurs à cent mille francs, toutes les fois « qu'il s'agira de contributions extraordinaires « ou d'emprunts, les plus imposés au rôle de « la commune seront appelés à délibérer avec le « Conseil municipal, en nombre égal à celui des « membres en exercice.

« Les plus imposés seront convoqués, indivi- « duellement, par le Maire, au moins dix jours « avant celui de la réunion.

« Lorsque les plus imposés appelés seront ab- « sents, ils seront remplacés, en nombre égal, par « les plus imposés portés après eux sur le rôle. »

Les législateurs de 1818 et de 1837 ont voulu, par l'adjonction des plus imposés, donner une garantie légitime à la propriété qui supporte la majeure partie des charges qu'on impose aux contribuables d'une commune. Toutefois, cette garantie n'a pas paru nécessaire dans les communes ayant cent mille francs de revenu, parce que les éléments dont se composent les Conseils municipaux de ces dernières communes représentent suffisamment tous les intérêts.

Le législateur de 1867 a décidé que les dispositions de l'article 42 continueront à être appliquées aux impositions extraordinaires et aux emprunts votés par les Conseils municipaux, *soit avec droit de règlement définitif*, en vertu de l'article 3, soit *sous l'approbation du Préfet*, conformément à l'article 5.

Quant aux impositions et emprunts sur lesquels il doit être statué *par un décret* ou *par une loi*, en vertu de l'article 7, les plus imposés devront-ils, comme précédemment, être appelés à participer au vote, dans les communes ayant des revenus inférieurs à 100,000 francs ?

La négative semblerait résulter du texte du 2e paragraphe de l'article 6, puisqu'au lieu de maintenir purement et simplement l'article 42 de la loi de 1837, il se borne à le déclarer applicable aux contributions extraordinaires et aux emprunts votés en exécution des articles 3 et 5 de la loi nouvelle. Mais cette interprétation serait contraire à la pensée du législateur qui n'a pas entendu diminuer les garanties stipulées dans l'intérêt de la propriété par les lois antérieures de 1818 et de 1837. Il faut donc en conclure que l'intervention des plus imposés est nécessaire dans toutes les communes dont les revenus sont inférieurs à 100,000 francs.

Le deuxième paragraphe de l'article 6 a été adopté sans discussion par le Corps législatif. Toutefois, l'un de ses membres avait demandé que les contribuables qui n'habitent pas la commune eussent la faculté de se faire représenter au sein de l'assemblée d'adjonction au moyen de fondés de pouvoir.

Cette demande, contraire au texte et à l'esprit des lois de 1818 et de 1837, a été écartée. Ainsi que l'a objecté M. le président du conseil d'Etat, le droit attribué aux plus imposés de délibérer conjointement avec le conseil municipal sur les impositions extraordinaires et sur les emprunts, est un droit *individuel* qui, par sa nature, ne peut être délégué, et pour l'exercice duquel il n'est pas permis de se faire réprésenter par mandataires. D'ailleurs, dans la prévision que des propriétaires éloignés ne seraient pas à même d'user de ce droit, la loi, voulant que les Conseils municipaux ne fussent pas livrés à leurs seules lumières, a disposé que les plus imposés absents seront remplacés, en nombre égal, par les plus imposés venant à la suite sur le rôle.

Nous rappellerons, en outre, que, d'après un avis de principe du Conseil d'État, du 21 décembre 1842, le Maire, s'il a lieu de supposer que quelques-uns des plus forts contribuables n'assisteront pas à la séance au jour fixé, a la faculté de convoquer, en même temps, pour les remplacer, en suivant l'ordre décroissant du rôle, un certain nombre de plus imposés. La convocation de ceux-ci ne porte d'ailleurs aucune atteinte au droit des premiers de siéger *avant tous autres*, s'ils se présentent à l'ouverture de la séance.

ART. 7.

Toute contribution extraordinaire dépassant le maximum fixé par le Conseil général et tout emprunt remboursable sur ressources extraordinaires, dans un délai excédant douze années, sont autorisés par décret impérial.

Le décret est rendu en Conseil d'État, s'il s'agit d'une commune ayant un revenu supérieur à cent mille francs.

Il est statué par une loi si la somme à emprunter dépasse *un million*, ou si ladite somme, réunie au chiffre d'autres emprunts non encore remboursés, dépasse *un million*.

L'article 7 forme le complément de l'article 5. Il se borne à réserver à la décision du pouvoir central :

1° Les impositions extraordinaires dépassant le maximum fixé par le Conseil général, *quelle qu'en soit la durée ;*

2° Les impositions qui, *sans excéder ce maximum,* auraient une *durée supérieure à douze années* ;

3° Les emprunts remboursables, sur ressources extraordinaires, dans un délai de plus de douze ans.

Le projet de décret approbatif de ces impositions ou de ces emprunts pourra être soumis directement par le Ministre à la signature de l'Empereur, *sans avoir été préalablement délibéré en Conseil d'Etat,* à moins qu'il ne s'agisse d'une commune ayant un revenu supérieur à cent mille francs.

Contrairement au système de la loi de 1837, l'intervention législative n'est plus déterminée par le chiffre du revenu des communes, mais par l'importance des emprunts. Ainsi, l'approbation du Corps législatif n'est exigée que pour les emprunts supérieurs à *un million*, ou bien, si la somme à emprunter, *ajoutée à de précédents emprunts non encore remboursés*, dépasse *un million*.

Cette disposition finale doit être entendue en ce sens, qu'une commune ne pourra jamais, *sans l'intervention d'une loi, être grevée du remboursement d'emprunts pour plus d'un million*. Il suit de là, qu'une commune qui aurait été autorisée par *décret* à contracter un premier emprunt de *six cent mille francs*, pourrait également, en vertu d'un nouveau *décret*, emprunter une seconde somme de *six cent mille francs*, si elle justifie avoir déjà remboursé *deux cent mille francs* sur le premier emprunt.

A l'occasion de l'article 7, la Commission du Corps législatif avait voulu établir une distinction entre *un Conseil municipal élu* et une *Commission* nommée par application de l'article 13 de la loi du 5 mai 1855, et elle avait proposé un amendement ainsi conçu :

« Dans les cas prévus par le premier para-« graphe du présent article, le décret est rendu « en conseil d'État, s'il s'agit d'une commune « dans laquelle le Conseil municipal est rem-« placé par une Commission. Il est statué par « une loi, si la commune possède un revenu su-« périeur à cent mille francs. »

Cet amendement n'a pas été adopté. Le Commissaire du Gouvernement l'a combattu en faisant remarquer que, d'après les termes de la loi de 1855, la Commission municipale est nommée pour remplacer le Conseil municipal, ce qui indique clairement que les attributions du Conseil sont transférées à cette Commission ; qu'il faut, en effet, dans l'intérêt même de la commune, que la Commission soit investie de la plénitude des pouvoirs qu'avait le Conseil ; qu'autrement on ferait disparaître, en partie, le principe qui a prévalu à l'époque où la loi de 1855 a été votée.

Examinons maintenant quelle est l'autorité compétente, sous le régime de la loi de 1867, pour autoriser :

1° Les impositions extraordinaires pour dépenses obligatoires éventuelles ;

2° Les impositions pour insuffisance de revenus ;

3° Les impositions d'office.

La loi nouvelle est muette en ce qui concerne les impositions *extraordinaires* pour dépenses *obligatoires éventuelles*, telles que les gros es réparations aux édifices communaux, l'acquittement des dettes exigibles, etc. L'exposé des motifs, les rapports présentés au nom de la

Commission du Corps législatif et de celle du Sénat, la discussion au sein de la Chambre ne fournissent aucun éclaircissement sur ce point. Il nous est permis d'inférer de ce silence que le législateur de 1867 a entendu ne créer aucune distinction entre ces impositions et celles qui ont pour objet des dépenses purement *facultatives*, et soumettre les unes et les autres aux règles générales établies par les articles 3 et 5.

En ce qui concerne les impositions extraordinaires pour dépenses *obligatoires*, lorsque le maximum fixé par le Conseil général sera dépassé, il y aura lieu d'appliquer le premier paragraphe de l'article 40 de la loi de 1837 ; c'est-à-dire que le Préfet sera compétent pour statuer dans les communes ayant moins de cent mille francs de revenu. Pour les communes ayant un revenu supérieur, ces impositions seront approuvées par décret.

Relativement aux impositions pour *insuffisance*

de revenus, c'est-à-dire celles qui sont destinées à subvenir aux dépenses ordinaires annuelles, tant obligatoires que facultatives, on sait que ces impositions ne peuvent être votées que pour *une seule année*, suivant les besoins de chaque exercice, sauf au Conseil municipal à renouveler, s'il y a lieu, son vote l'année suivante; que le produit de ces impositions figure en recettes au chapitre premier du budget, tandis que les impositions extraordinaires proprement dites, celles qui sont applicables à des dépenses éventuelles, figure au chapitre II; qu'enfin les centimes applicables aux dépenses annuelles, obligatoires ou facultatives, ne comptent pas dans le nombre des centimes extraordinaires que les Conseils municipaux peuvent voter jusqu'à concurrence du maximum fixé par le Conseil général.

L'article 3 de la loi nouvelle ayant attribué au Conseil municipal le droit de *régler*, par sa délibération, les impositions extraordinaires n'excédant pas une durée de cinq ans, pour le payement de dépenses extraordinaires d'utilité communale, on comprendrait difficilement que ce droit de règlement ne s'étendît pas à l'imposition pour insuffisance de revenus, sous la réserve de l'application, s'il y a lieu, de l'article 18 de la loi du 18 juillet 1837 et du dernier paragraphe de l'article 3 de la loi actuelle.

En ce qui concerne les *impositions d'office*, les dispositions de l'article 39 de la loi de 1837 demeurent en vigueur : la contribution ne pourra être établie qu'en vertu d'un décret, dans les limites du maximum fixé annuellement par la loi de finances. Une loi spéciale devra intervenir si ce maximum est dépassé.

On s'explique aisément qu'à raison de leur caractère de gravité, ces sortes d'affaires, qui exigent l'accomplissement préalable et rigoureux de certaines formalités, soient réservées à l'examen et à la décision du pouvoir souverain. Il s'agit d'une matière de droit strict, de l'application d'une mesure coërcitive dont l'autorité supérieure ne doit user que dans des circonstances exceptionnelles et déterminées, pour vaincre la résistance opiniâtre ou systématique d'une administration locale.

Lorsque le maximum fixé par la loi annuelle de finances doit être excédé, le recours à un acte législatif se justifie de lui-même.

Il ne faut pas perdre de vue, relativement à l'inscription d'office qui, aux termes du premier paragraphe de l'article 39 précité, doit toujours précéder l'imposition d'office, que les Préfets, dans toutes les communes où ils ont le droit, en vertu de l'article 33 de la loi de 1837 et des dispositions du décret du 25 mars 1852, de régler le budget, sont compétents pour procéder, en Conseil de préfecture, à l'inscription de l'allocation nécessaire, quel que soit le chiffre des revenus de la commune. C'est seulement dans les villes qui, ayant trois millions de revenu, tombent sous l'application de l'article **15** de la loi de **1867**, que l'inscription au budget exigera un décret.

ART. 8.

L'établissement des taxes d'octroi votées par les Conseils municipaux, ainsi que les règlements relatifs à leur perception, sont autorisés par décrets impériaux rendus sur l'avis du Conseil d'État.

Il en sera de même en ce qui concerne :

1° Les modifications aux règlements ou aux périmètres existants ;

2° L'assujettissement à la taxe d'objets non encore imposés dans le tarif local ;

3° L'établissement ou le renouvellement d'une taxe sur des objets non compris dans le tarif indiqué ci-après ;

4° L'établissement ou le renouvellement

d'une taxe excédant le maximum fixé par ledit tarif général.

Cet article maintient les dispositions de l'ordonnance du 9 décembre 1814 (art. 7) et de la loi du 11 juin 1842 (art. 8), d'après lesquelles l'établissement des taxes d'octroi et les règlements relatifs à leur perception doivent être autorisés par décrets rendus en Conseil d'Etat.

Il importe, en effet, de réserver au pouvoir central le droit de décision sur une matière très-délicate à raison de l'influence que ces taxes peuvent exercer, tant sur la consommation générale que sur le développement de l'industrie.

Il y a identité de raison évidente :

1° Pour les modifications aux règlements ou

aux périmètres existants, parce que ces mesures peuvent créer des obligations nouvelles en étendant la perception des taxes sur des portions de territoire précédemment affranchies ;

2° Pour l'assujettissement à la taxe d'objets non encore imposés dans le tarif local, parce que ces droits nouveaux, auxquels la population n'est pas encore habituée, accroîtront la charge des consommateurs ;

3° Pour l'établissement et le renouvellement d'une taxe frappant sur des objets non compris dans le tarif général, ou excédant le maximum fixé par ce tarif. Il s'agit alors, soit d'admettre une exception temporaire aux règles posées par le tarif général, soit de prolonger l'exception déjà admise.

On s'explique que, dans ces différents cas, le Gouvernement soit appelé à statuer.

Les Conseils municipaux, il faut le reconnaître, ont une tendance à s'isoler du système général d'administration qui régit les octrois. Ils considèrent l'octroi, tantôt comme une sorte de droit de douane destiné à protéger l'industrie intérieure contre l'introduction des matières fabriquées au dehors, tantôt comme un impôt uniquement approprié aux convenances locales, abstraction faite des intérêts généraux du pays.

De là, sans doute, est venue l'idée d'un tarif type avec une nomenclature des objets imposables.

Pour l'établissement de ce tarif, qui comprendra les boissons et liquides, les comestibles, les combustibles, les fourrages, les matériaux et les objets divers, on adoptera le système des zones. Les départements de l'empire seront partagés en cinq zones correspondant aux divisions géographiques : *Nord*, *Midi*, *Ouest*, *Est* et *Centre*.

Dans chacune de ces zones, le maximum que pourront atteindre les taxes d'octroi sera déterminé, et les communes seront divisées suivant le chiffre de leur population agglomérée, savoir :

Communes de 1 à 1,500 âmes.
— 1,500 à 4,000 —
— 4,000 à 6,000 —
— 6,000 à 10,000 —
— 10,000 à 15,000 —
— 15,000 à 20,000 —
— 20,000 à 30,000 —
— 30,000 à 50,000 —
— 50,000 à 100,000 —
— 100,000 âmes et au-dessus.

Cette innovation aura le double avantage de porter à la connaissance des communes les règles auxquelles elles devront se conformer pour obtenir le bénéfice de la création d'un octroi, et d'assurer la fixité de ces règles.

Ce tarif, qui soulève non-seulement des questions de finances, mais aussi des questions économiques, et qui devra tenir compte de la situation de chaque zone au point de vue de l'industrie, du régime alimentaire, etc., sera établi, après avis des Conseils généraux, par un règlement d'administration publique. En effet, il y a pour l'assiette et la quotité de l'impôt une délégation du pouvoir législatif qu'on doit réserver au pouvoir chargé de faire des règlements d'administration publique.

Quant aux surtaxes sur les boissons, elles restent soumises aux règles de la législation existante : conformément aux dispositions des lois de finances des 11 juin 1842 et 22 juin 1854, elles ne peuvent être établies, prorogées ou modifiées qu'en vertu d'un acte législatif.

Art. 9.

Sont exécutoires, dans les conditions déterminées par l'article 18 de la loi du 18 juillet 1837, les délibérations prises par les Conseils municipaux, concernant :

1° La suppression ou la diminution des taxes d'octroi ;

2° La prorogation des taxes principales d'octroi pour cinq ans au plus ;

3° L'augmentation des taxes jusqu'à concurrence d'un décime, pour cinq ans au plus;

Sous la condition toutefois qu'aucune des taxes ainsi maintenues ou modifiées n'excèdera le maximum déterminé dans un tarif général, qui sera établi, après avis des Conseils généraux, par un règlement d'administration publique, ou qu'aucune desdites taxes ne portera sur des objets non compris dans ce tarif.

En cas de désaccord entre le Maire et le Conseil municipal, la délibération ne sera exécutoire qu'après approbation du Préfet.

L'ordonnance du 9 décembre 1814 donnait au Gouvernement le droit *d'établir d'office* des octrois. Mais cette disposition a été abrogée implicitement par la législation postérieure, notamment par la loi du 28 avril 1816 qui consacre la liberté du vote des Conseils municipaux sur ce point et leur droit d'initiative. (Art. 147.)

Toutefois, la suppression complète ou la diminution des taxes d'octroi devait être approuvée par décret, bien qu'en principe le Gouvernement n'opposât aucun obstacle à la volonté, régulièrement exprimée, du Conseil municipal. Le décret n'était donc, en réalité, qu'une simple formalité que l'article 9 de la nouvelle loi fait disparaître en classant ces sortes d'affaires dans la catégorie des objets sur lesquels le Conseil municipal a le pouvoir de statuer sans l'approbation de l'autorité supérieure.

Il fallait également un décret pour autoriser toute prorogation et toute augmentation de taxes principales, tandis qu'en vertu de l'article 9, le Conseil municipal statue définitivement, sauf en cas de désaccord avec le Maire, s'il s'agit d'une prorogation de taxes principales pour cinq ans au plus, ou d'une augmentation des taxes ne dépassant pas un décime pendant la même durée.

Le vote municipal n'est subordonné qu'à la condition qu'aucune des taxes ainsi maintenues ou modifiées n'excèdera le maximum déterminé dans le tarif général et ne portera sur des objets non compris dans ce tarif.

ART. 10.

Sont exécutoires, sur l'approbation du Préfet, lesdites délibérations ayant pour but :

La prorogation des taxes additionnelles actuellement existantes ;

L'augmentation des taxes principales au delà d'un décime ;

Dans les limites du maximum des droits et de la nomenclature des objets fixés par le tarif général.

L'article 10 soumet à une simple approbation préfectorale les délibérations par lesquelles les

Conseils municipaux ont voté la prorogation des taxes *additionnelles* déjà existantes, et l'augmentation des taxes *principales* au delà d'un décime, pourvu que ces mesures soient prises dans les limites du maximum des droits et de la nomenclature des objets taxés par le tarif général. Dans le cas contraire, un décret est indispensable, aux termes de l'article 8.

Il n'eût pas été prudent de laisser le Conseil municipal complétement libre de proroger les taxes *additionnelles* déjà existantes et d'augmenter les taxes *principales* au delà d'un décime. Celles-ci doivent servir exclusivement à équilibrer les recettes *ordinaires* avec les dépenses de même nature. Quant aux taxes additionnelles, le produit en est destiné aux dépenses *accidentelles* et *transitoires*, et la durée de ces taxes doit être limitée aux besoins pour lesquels elles ont été établies. C'est donc avec raison que la loi exige, pour la prorogation de ces deux catégories de taxes, l'approbation du Préfet, qui devra préalablement apprécier la situation financière de la commune et l'étendue de ses besoins réels, soit ordinaires, soit extraordinaires.

Les articles qui précèdent, 8, 9 et 10, ont été présentés par le Gouvernement, d'accord avec la Commission, et ils ont été adoptés par le Corps législatif sans soulever, au fond, aucune objection. Ce vote semble consacrer, au moins implicitement, le maintien du système des octrois qui, pendant ces derniers temps, a été l'objet d'attaques si vives.

En attendant que les adversaires de ce système, qui fonctionne régulièrement depuis le commencement du siècle et est entré dans nos habitudes, aient trouvé un moyen sérieux et pratique de le remplacer avec les mêmes avantages et sans aggravation de charges pour le contribuable, nous sommes fondés à soutenir que l'octroi est indispensable et qu'il faut le conserver.

La plupart des communes sont dénuées aujourd'hui de patrimoine productif de revenus. Depuis longtemps, elles voient décroître leur dotation immobilière et augmenter leurs besoins. La raison en est aisée à comprendre : elles vendent leurs biens et n'en remploient guère le prix qu'en bâtiments ou en établissements publics, tandis que leurs dépenses se multiplient. L'octroi et les centimes additionnels au principal des contributions directes constituent, à peu près, les uniques ressources communales. Leurs autres recettes assimilables à l'impôt, telles que les droits de voirie, de stationnement, de péage, etc., etc., sont généralement peu productives et ne pourraient d'ailleurs, sans inconvénient, être élevées dans leur quotité.

En ce qui concerne le recours aux centimes additionnels, la limite raisonnable de cette ressource extraordinaire est déjà atteinte dans un grand nombre de communes et quelquefois même dépassée. Aller au delà, ce serait épuiser la matière imposable et compromettre la rentrée des contributions publiques.

Il ne reste donc, en réalité, que l'octroi, dont l'élasticité se prête à toutes les opérations financières et dont le revenu, toujours croissant, a été, en 1865, pour 1,537 communes, de 180,667,336 francs (l'octroi de Paris figure dans ce chiffre pour 89,949,551 francs).

Déduction faite de tous les frais d'exploitation, soit 15,599,766 francs, le produit net s'est élevé à 165,067,570 francs.

Comment donner à ces 1,537 communes l'équivalent de pareilles ressources ?

L'octroi est l'impôt qui se justifie le mieux, parce qu'il ne pèse sur chaque individu qu'en raison de sa consommation personnelle, et qu'il profite exclusivement à la collection des habitants qui le payent, aux ouvriers surtout, qui trouvent dans les travaux, dans le mouvement des affaires, dans l'assistance publique, des salaires et des secours dont l'importance est incomparablement plus grande que leur part dans les charges de l'octroi.

C'est l'impôt le moins sensible pour le contribuable, parce qu'il se divise à l'infini, s'ajoute au prix d'achat de la marchandise et ne l'accroît que d'une fraction minime.

Il passe presque inaperçu, parce qu'il n'a pas l'inconvénient de mettre le contribuable, comme le fait l'impôt direct, en face des exigences de la perception.

On a invoqué l'exemple de la Belgique qui, en 1860, a supprimé ses octrois; mais les deux pays ne se trouvent pas dans les mêmes conditions : la Belgique ne compte que 4,700,000 habitants; le nombre des communes à octroi était de soixante-dix-huit, et le produit net de cet impôt n'excédait pas 11,500,000 francs. La population de la France est, d'après le dernier dénombrement quinquennal, de 38,067,094 âmes; en 1865, ainsi que nous l'avons dit plus haut, 1,537 communes étaient pourvues d'octrois, dont l'ensemble a rapporté une somme nette de 165,067,570 francs, et ces chiffres sont aujourd'hui dépassés.

L'abolition des octrois en Belgique n'a été, en

éalité, que la transformation d'un impôt de conommation locale en un impôt général, et cette éforme, qui paraît avoir eu plutôt une portée olitique qu'un but véritablement économique, 'a point amené jusqu'à présent, sous ce dernier apport, les résultats qu'on pouvait espérer. Le rix des principaux objets de consommation, tels ue la viande, la bière, etc., etc., n'a subi aucune éduction, de sorte que l'abolition de la taxe 'octroi n'a pas profité aux consommateurs, mais eulement aux producteurs et surtout aux interıédiaires.

En outre, plusieurs grandes villes, pour mainenir leurs ressources au niveau de leurs besoins, nt été obligées de recourir à de nouveaux imôts.

L'épreuve faite en Belgique est donc loin d'être atisfaisante, et si elle était tentée en France, lle produirait inévitablement les mêmes mécomptes.

Tout en défendant le système des octrois, nous croyons que, dans son application, il est susceptible de certaines améliorations conformes au nouveau régime économique et qui sont réclamées par les besoins de notre époque. Dans quelques grandes villes, les droits qui frappent les objets de consommation de première nécessité sont parfois très-élevés, et il semblerait opportun de les réduire ; ce serait contribuer au bien-être des classes les plus nombreuses, sans diminuer le produit de l'octroi ; car la réduction des taxes aurait certainement pour résultat de développer la consommation.

Cette question a fixé l'attention de la Commission du Corps législatif chargée de l'examen du budget de 1868. En ce qui touche l'octroi de Paris, le plus important de tous les octrois, la Commission, saisie d'un amendement signé par de nombreux membres de la Chambre et ayant pour but une réduction de moitié sur les droits qui grèvent l'entrée des vins à Paris, au profit soit du Trésor, soit de la caisse municipale, a reconnu que cette réforme était équitable ; elle en a signalé les avantages au Gouvernement et a manifesté le désir qu'elle fût mise promptement à l'étude, après accord intervenu entre l'État et la Ville.

Cet exemple, ainsi que l'a fait remarquer le rapporteur du budget, serait vraisemblablement suivi par d'autres grandes villes de l'empire; les vœux généralement exprimés dans l'enquête agricole, en ce qui concerne les modifications à introduire dans le régime des octrois, recevraient ainsi la meilleure satisfaction qu'il soit possible, au moins quant à présent, de leur donner.

Art. 11.

Les Conseils municipaux délibèrent sur l'établissement des marchés d'approvisionnement dans leur commune.

Le paragraphe 3 de l'article 6 et le paragraphe 3 de l'article 41 de la loi du 10 mai 1838 sont abrogés en ce qui concerne lesdits marchés.

Les foires sont de grandes réunions ayant lieu à époques fixes, durant un ou plusieurs jours, et dans lesquelles se vendent des marchandises de toutes sortes, denrées, bestiaux, etc., etc,

Les marchés ont principalement pour objet la vente des denrées et l'approvisionnement d'une localité. Ils se tiennent périodiquement certains jours de la semaine ou du mois.

Pour créer des foires et des marchés d'approvisionnement, les communes ont besoin d'une autorisation qui est précédée de nombreuses formalités. Le Conseil municipal doit indiquer : 1° l'emplacement sur lequel sera établi la foire ou le marché ; 2° les objets à mettre en vente ; 3° le tarif des droits à percevoir ; 4° les jours de tenue du marché.

Ces demandes doivent être accompagnées de renseignements statistiques sur l'état de la population et sur l'importance des produits agricoles et industriels de la commune. En outre, les communes placées dans un rayon de deux myriamètres doivent être consultées. Enfin, aux termes du troisième paragraphe des articles 6 et 41 de la loi du 10 mai 1838, le Conseil d'arrondissement et le Conseil général sont appelés à émettre leurs avis.

La suppression des foires et marchés, ou les modifications qu'on veut introduire dans leur tenue, sont soumises aux mêmes formalités.

L'article 11 de la nouvelle loi dispense désormais les délibérations municipales relatives à l'établissement des marchés d'approvisionnement, du double contrôle du Conseil d'arrondissement et du Conseil général. Mais l'autorisation du Préfet reste maintenue conformément au décret du 25 mars 1852.

Les Conseils d'arrondissement et les Conseils généraux continueront à émettre leur avis sur l'établissement des foires et des marchés aux bestiaux, qui n'intéressent pas seulement les communes où ils se tiennent, mais un rayon plus ou moins étendu.

ART. 12.

Les délibérations des commissions administratives des hospices, hôpitaux et autres établissements charitables communaux, concernant un emprunt, sont exécutoires en vertu d'un arrêté du Préfet, sur avis conforme du Conseil municipal, lorsque la somme à emprunter ne dépasse pas le chiffre des revenus ordinaires de l'établissement et que le remboursement doit être effectué dans un délai de douze années.

Si la somme à emprunter dépasse ledit chiffre, ou si le délai de remboursement est supérieur à douze années, l'emprunt ne peut être autorisé que par un décret de l'Empereur.

Le décret d'autorisation est rendu dans la forme des règlements d'administration publique, si l'avis du Conseil municipal est contraire ou s'il s'agit d'un établissement ayant plus de 100,000 francs de revenus.

L'emprunt ne peut être autorisé que par une loi, lorsque la somme à emprunter dépasse 500,000 francs, ou lorsque ladite somme, réunie au chiffre d'autres emprunts non encore remboursés, dépasse 500,000 francs.

L'article 10 de la loi du 7 août 1851, sur les hospices et hôpitaux, porte que les délibérations des commissions administratives sur différents objets compris dans l'article 9, notamment les emprunts, sont soumises à l'avis du Conseil municipal et suivent, quant aux autorisations, les mêmes règles que les délibérations de ce conseil.

L'article 12 de la nouvelle loi étend, dans une

juste mesure, aux établissements hospitaliers le nouveau régime communal ; il les fait profiter des réformes introduites dans l'administration municipale en simplifiant l'instruction d'une certaine catégorie d'emprunts et en modifiant la compétence des pouvoirs chargés de les approuver.

Les délibérations des commissions administratives seront exécutoires en vertu *d'un arrêté du Préfet*, si l'avis du Conseil municipal est conforme, et si d'ailleurs :

1° La somme à emprunter ne dépasse pas le chiffre des revenus ordinaires de l'établissement ;

2° Si le remboursement doit être effectué dans un délai de douze ans.

Lorsque l'une de ces deux conditions ne sera pas remplie, l'emprunt devra être autorisé par *décret*.

Le décret sera rendu en *Conseil d'Etat*, si l'avis du Conseil municipal est contraire à l'emprunt et s'il s'agit d'un établissement ayant plus de 100,000 francs de revenu.

Enfin, l'*intervention du Corps législatif* sera nécessaire lorsque la somme à emprunter dépassera 500,000 francs, ou lorsque cette somme, réunie au chiffre d'autres emprunts non encore remboursés, sera supérieure à 500,000 francs.

Il n'est pas possible, on le comprend, d'assimiler complétement les établissements de bienfaisance aux communes. Celles-ci sont administrées par des Conseils municipaux électifs, tandis que la gestion des premiers est confiée à des commissions administratives nommées par les Préfets. C'est par ce motif que le législateur n'a pas voulu que, dans aucun cas en matière d'emprunt, la délibération de la commission administrative eût force exécutoire, et qu'il a exigé une loi pour tout emprunt excédant 500,000 francs, alors que les emprunts des communes ne doivent être soumis à la sanction législative qu'autant qu'ils excèdent un million.

Art. 13.

Les changements dans la circonscription territoriale des communes faisant partie du même canton sont définitivement approuvés par les Préfets, après accomplissement des formalités prévues au titre Ier de la loi du 18 juillet 1837, en cas de consentement des Conseils municipaux et sur avis conforme du Conseil général.

Si l'avis du Conseil général est contraire, ou si les changements proposés dans les circonscriptions communales modifient la composition d'un département, d'un arrondissement ou d'un canton, il est statué par une loi.

Tous autres changements dans la circonscription territoriale des communes sont autorisés par des décrets rendus dans la forme des règlements d'administration publique.

On appelle *circonscription territoriale* l'ensemble des limites qui comprennent un département, un arrondissement, un canton, une commune. Chaque commune, considérée comme une association de familles, ayant une existence propre et une capacité civile, la formation, la réunion et la division des communes ont été, à toute époque, soumises à des règles très-précises et rigoureusement observées. Le législateur de 1837 a exigé, pour ces opérations, des garanties sérieuses et l'accomplissement de nombreuses formalités préparatoires.

Ces formalités sont énumérées dans les articles 2 et 3 de la loi du 18 juillet 1837.

Aux termes de l'article 4, « les réunions ou « distractions de communes qui modifieront la « composition d'un département, d'un arrondis- « sement ou d'un canton, ne pourront être pro- « noncées que par *une loi*.

« Toutes autres réunions ou distractions de « communes pourront être prononcées par dé- « crets, en cas de consentement des Conseils « municipaux délibérant avec les plus imposés, « conformément à l'article 2, et, à défaut de ce « consentement, pour les communes qui n'ont pas « 300 habitants, sur l'avis affirmatif du Conseil « général du département.

« *Dans tous les autres cas*, il ne pourra être « statué que *par une loi.* »

Constatons d'abord que, d'après la déclaration formelle faite, au nom de la Commission, par l'un de ses membres, l'article 13 de la nouvelle loi ne déroge en rien aux dispositions de la loi de 1837 relatives aux *réunions* et *distractions de communes*, c'est-à-dire aux cas où il s'agit d'ériger des fractions de communes en communes séparées, ou de réunir deux communes en une seule. Toutes les garanties stipulées, toutes les formalités prescrites à cet égard subsistent intégralement.

L'article 13 s'applique uniquement aux délimitations nouvelles, aux changements dans leur circonscription territoriale que peuvent réclamer certaines communes. On a jugé que, pour cet objet, il était possible, sans compromettre aucun intérêt, de diminuer les formalités de procédure et de rendre moins fréquente l'intervention d'une loi.

Si les changements dans la circonscription de communes faisant partie d'un même canton, après l'instruction prescrite par la loi, sont consentis par les Conseils municipaux, et si l'avis du Conseil général est favorable, il suffira d'une simple approbation du Préfet.

Si l'avis du Conseil général est contraire, ou si la modification d'une commune doit changer la circonscription d'un canton, d'un arrondissement ou d'un département, une loi devra statuer. Il en a toujours été ainsi dans ce dernier cas, parce qu'il en résulte, pour une partie du territoire, un changement de juridiction et de l'une des divisions adoptées par les lois électorales.

Pour tous autres changements, c'est-à-dire dans le cas où l'avis du Conseil général sera favorable à des modifications de circonscriptions communales jugées opportunes par l'autorité supérieure, mais repoussées par les Conseils municipaux, il sera statué par un décret rendu dans la forme des règlements d'administration publique.

ART. 14.

La création des bureaux de bienfaisance est autorisée par les Préfets, sur l'avis des Conseils municipaux.

Les bureaux de bienfaisance ont été institués par la loi du 7 frimaire an v. Le décret du 25 mars 1852, se fondant sur les principes consacrés par l'ancienne législation, notamment les édits de décembre 1666 et d'août 1749, avait décidé que ces établissements, qui sont de véritables *personnes civiles*, distinctes des communes, bien qu'elles aient avec celles-ci de nombreux points de contact, ne pourraient être créés qu'en vertu d'une autorisation du Gouvernement.

Aux termes de l'article 14 de la nouvelle loi, il suffira désormais d'une simple décision préfectorale. On a reconnu l'utilité d'éviter des lenteurs préjudiciables aux intérêts des pauvres et de favoriser, autant que possible, dans les communes, la fondation des établissements chargés de centraliser et de distribuer les secours à domicile.

Toutefois, dans l'exercice du droit qui lui est attribué, l'autorité préfectorale ne devra pas perdre de vue les instructions que contient la circulaire ministérielle du 5 mai 1852 : « Il y aurait « plus d'inconvénients que d'avantages à multi« plier des établissements de bienfaisance dé« pourvus de dotations propres, et ne pouvant « disposer que de ressources éventuelles. Outre « le danger de développer ainsi le paupérisme, « en habituant les hommes à compter sur l'assis« tance publique plutôt que sur eux-mêmes, il y « a celui de leur offrir un appât trompeur en leur

« faisant espérer des secours qu'on peut être dans « l'impossibilité de leur accorder, et de faire « naître des exigences qui, n'étant pas satisfaites, « s'arment contre la société du bien même qu'elle « a voulu, mais n'a pu accomplir. »

Ajoutons que, d'après une jurisprudence constante, la fondation des bureaux de bienfaisance ne peut être autorisée qu'autant que leur dotation s'élève au moins à 50 francs de rente.

Un amendement avait été proposé dans le but d'étendre la même règle de compétence à la création des hospices; mais il n'a pas été adopté. La Commission a objecté que, si les principes traditionnels ont pu fléchir pour les bureaux de bienfaisance, il ne saurait en être de même à l'égard des hospices ; qu'en effet, si un bureau de bienfaisance créé n'acquiert pas ou vient à perdre son existence effective, aucun intérêt grave n'est compromis ; qu'un hospice, au contraire, indépendamment de l'installation matérielle et des dépenses, plus ou moins considérables, de premier établissement, entraîne, pour fonctionner, des frais qui peuvent ne pas avoir été prévus.

Il y a donc dans les affaires de cette nature une question importante d'appréciation qui justifie l'intervention du pouvoir souverain, après avis du Conseil d'Etat.

TITRE II.

Dispositions concernant les villes ayant 3 millions de revenu.

ART. 15.

Les budgets des villes et des établissements de bienfaisance ayant 3 millions au moins de revenu, sont soumis à l'approbation de l'Empereur, sur la proposition du Ministre de l'intérieur.

Nous avons vu, à l'article 2, qu'à l'exception du budget de la ville de Paris, et sauf dans un cas déterminé, les Préfets ont qualité, en vertu du décret du 25 mars 1852, pour approuver les budgets et comptes de toutes les communes et de tous les établissements de bienfaisance, quel que soit le chiffre de leurs revenus.

Expérimenté pendant quinze ans, ce système laissait à désirer et pouvait, dans certains cas, entraîner des inconvénients. Ainsi, le décret législatif du 24 mars 1852, qui a modifié le régime municipal de la ville de Lyon en substituant le Préfet au Maire, ne contient aucune réserve au sujet des budgets et comptes. Il s'ensuit que le Préfet, qui réunit ces fonctions à celles de Maire, approuve les budgets qu'il a lui-même présentés, et que les comptes administratifs qu'il établit ne sont soumis à aucun contrôle supérieur.

Frappés des résultats qui découlaient, en pareille matière, de l'abrogation absolue de la loi du 18 juillet 1837, le Gouvernement et la Commission ont été d'accord pour reconnaître la nécessité de rendre au pouvoir central l'approbation des budgets de certaines grandes villes où les affaires, à raison de leur importance et de leur gravité exceptionnelles, se rattachent souvent à des questions d'ordre public, et où l'intérêt municipal touche presque toujours à l'intérêt de l'Etat.

On avait d'abord jugé convenable d'appliquer cette mesure à toutes les villes ayant au moins *un million* de revenu. Mais, comme dix-neuf villes s'y seraient trouvées soumises, sans compter celles dont les recettes ordinaires sont bien près d'atteindre ce chiffre, il a été décidé que, pour s'écarter le moins possible de l'esprit libéral de la nouvelle loi, les villes dont les revenus sont au moins de *trois millions*, seraient seules assujetties, en ce qui concerne l'approbation de leurs budgets, à un régime exceptionnel. Il y en a cinq aujourd'hui dans cette situation : Paris, Marseille, Lyon, Bordeaux et Rouen. Quant aux établissements de bienfaisance, ceux de Paris seulement ont plus de trois millions de recettes ordinaires et remplissent, par conséquent, les conditions exigées pour l'application de l'article 15.

Cet article n'a entendu évidemment réserver à l'approbation du pouvoir souverain que les budgets *primitifs* des villes ayant trois millions de revenu.

Quelle sera l'autorité compétente pour approuver *les ouvertures de crédits, le budget supplémentaire, le compte administratif?*

Le budget *primitif*, une fois réglé, reste invariablement fixé et ne peut recevoir aucune modification par suite des recettes et des dépenses nouvelles autorisées en cours d'exercice. Les crédits accordés pendant l'année, par autorisations spéciales, viennent prendre place dans le budget *supplémentaire* ou dans les *chapitres additionnels*.

Le compte administratif que le Maire dresse, à la clôture de chaque exercice, doit comprendre, en recette et en dépense, toutes les opérations faites sur cet exercice.

Chargés par le décret de 1852 d'approuver les budgets et comptes de toutes les communes, les Préfets se trouvaient investis implicitement du droit de statuer sur les ouvertures de crédits supplémentaires, les chapitres additionnels, les reports, les non-valeurs, et, en général, sur toutes les opérations budgétaires qui exigeaient précédemment l'intervention de l'autorité supérieure.

L'exercice de ce droit, entre les mains des Préfets, devient inconciliable avec la nouvelle disposition de l'article 15, qui a pour conséquence nécessaire de remettre en vigueur, *en ce qui concerne les villes ayant trois millions de revenu*, le deuxième paragraphe de l'article 33 de la loi du 18 juillet 1837 qui était relatif *aux villes dont le revenu est de cent mille francs*, ainsi que les articles 34 et 60 de la même loi. Désormais, le règlement des budgets supplémentaires et l'approbation des ouvertures de crédits et des comptes administratifs, pour les villes ayant *au moins trois millions de revenu*, devront appartenir à l'autorité qui était compétente pour statuer en vertu de la loi de 1837, c'est-à-dire au *Ministre*.

ART. 16.

Les traités à passer pour l'exécution, par entreprises, des travaux d'ouverture des nouvelles voies publiques et de tous autres travaux communaux déclarés d'utilité publique, dans lesdites villes, sont approuvés par décrets rendus en Conseil d'État.

Il en est de même des traités portant concession, à titre exclusif ou pour une durée de plus de trente années, des grands services municipaux desdites villes, ainsi que des tarifs et traités relatifs aux pompes funèbres.

Aux termes de l'article premier de l'ordonnance du 14 novembre 1837, toutes les entreprises de travaux intéressant les communes doivent faire l'objet d'adjudications publiques. Toutefois, l'article 2 de la même ordonnance admet que, dans certains cas exceptionnels, elles peuvent également donner lieu à des traités de gré à gré qui seront approuvés par les Préfets, si la dépense ne dépasse pas 3,000 francs, et par le Ministre de l'intérieur, s'il s'agit d'une dépense plus considérable, quel qu'en soit d'ailleurs le chiffre. Depuis, le décret du 25 mars 1852 (*tableau* A, n° 48) a fait disparaître cette distinction en conférant à l'autorité préfectorale l'approbation de tous les marchés passés de gré à gré.

Bien que l'article 16 de la loi actuelle ne soit peut-être pas rédigé avec toute la clarté désirable, son premier paragraphe semble avoir pour unique but de modifier cette règle de compétence à l'égard des villes ayant trois millions de revenu, et pour ceux de leurs travaux qui nécessiteront une déclaration d'utilité publique. En d'autres termes, nous pensons que ces villes resteront placées dans la même situation que les autres communes de l'empire pour tous les cas où, ayant des travaux à exécuter, elles feront appel à la concurrence, c'est-à-dire que les procès-verbaux d'adjudication demeureront soumis à la simple approbation du Préfet, conformément à l'article 10 de l'ordonnance du 14 novembre 1837. Si, au contraire, elles croient pouvoir invoquer l'une des exceptions admises par l'article 2 de cette ordonnance, pour traiter directement et à l'amiable avec des entrepreneurs de leur choix, c'est alors qu'un décret rendu en Conseil d'État sera nécessaire pour approuver les conventions intervenues.

La même observation s'applique, suivant nous, aux traités mentionnés dans le deuxième paragraphe, et qui auraient pour objet la concession de grands services municipaux, soit à titre exclusif, soit pour une durée de plus de trente ans. A cet égard encore, la loi ne nous paraît exiger un décret qu'autant que les villes s'écarteraient du principe de l'adjucation pour recourir à la voie exceptionnelle des traités de gré à gré.

Quant aux tarifs à arrêter pour le service des pompes funèbres, l'article 16 fait simplement revivre, en ce qui concerne les villes les plus importantes, les dispositions du décret du 18 mai 1806 (art. 7 et 11), qui soumettaient ces tarifs à l'approbation du Gouvernement, mais qui ont été modifiées par le décret du 25 mars 1852 (*tableau* A, n° 46), lequel a substitué à cette approbation celle de l'autorité préfectorale.

L'article 16 soumet également à l'homologation du Gouvernement les *traités* qui seraient passés pour assurer le service des pompes funèbres. Nous répétons que la loi ne peut avoir en vue que les cas où ce service, au lieu d'être mis, suivant la règle, en adjudication publique, serait, par exception, confié directement à des entrepreneurs, sans appel à la concurrence.

ART. 17.

Les dispositions de la présente loi et celles de la loi du 18 juillet 1837 et du décret du 25 mars 1852, qui sont encore en vigueur, sont applicables à l'administration de la ville de Paris et de la ville de Lyon.

Les délibérations prises par les Conseils municipaux desdites villes, sur les objets énumérés dans les articles 1er et 9 de la présente loi, ne sont exécutoires, en cas de désaccord entre le Préfet et le Conseil municipal, qu'en vertu d'une approbation donnée par décret impérial.

Aucune imposition extraordinaire ne peut être établie dans ces villes, aucun emprunt ne peut être contracté par elles, sans qu'elles y soient autorisées par une loi.

Il n'est pas dérogé aux dispositions spéciales concernant l'organisation des administrations de l'assistance publique, du mont-de-piété et de l'octroi de Paris.

Si le décret du 25 mars 1852 a été trop loin dans la voie de la décentralisation en enlevant à l'autorité centrale, au profit des Préfets, le droit de régler les budgets de toutes les grandes villes indistinctement, d'approuver les traités à passer pour l'exécution des travaux déclarés d'utilité publique, et la concession, pour une longue durée, des principaux services municipaux, il faut, du moins, reconnaître que ce décret qui, par son article 7, a exclu du bénéfice de ses dispositions l'administration du département de la Seine et de la ville de Paris, n'a pas assez relâché, sur ce point, les liens de la tutelle administrative.

L'article 13 de la loi du 18 juillet 1866, sur les Conseils généraux, a déjà modifié, en partie, à cet égard, le décret de 1852, en assimilant l'administration du département de la Seine à celle des autres départements de l'empire.

L'article 17 de la loi sur les Conseils municipaux s'inspire de la même pensée et complète l'œuvre de la loi de 1866 : il soumet au droit commun l'administration de la ville de Paris et comprend dans la même mesure la ville de Lyon, les municipalités de ces deux villes ayant, l'une et l'autre, une organisation spéciale que le Gouvernement croit indispensable de conserver. Toutefois, à raison même de cette organisation qui ne doit pas être considérée comme provisoire et temporaire, mais comme normale et définitive, l'application pure et simple du droit commun n'était pas praticable. Le Préfet de la Seine étant, sous plusieurs rapports, le véritable Maire de Paris, comme le Préfet du Rhône est devenu, en vertu du décret du 24 mars 1852, le véritable Maire de la commune de Lyon, il n'aurait été ni rationnel ni légal que le Préfet dans ces deux villes fût appelé à trancher les difficultés qui viendraient à s'élever entre lui, agissant en qualité de Maire, et le Conseil municipal. Le droit de statuer en dernier ressort ne pouvait évidemment appartenir qu'à l'autorité centrale, soit au Ministre de l'intérieur, soit au Gouvernement. Le deuxième paragraphe de l'article 17 dispose qu'en pareil cas, les délibérations prises sur les objets énumérés dans les articles 1er et 9 devront être approuvées par décret.

En outre, l'intervention du Corps législatif est exigée toutes les fois qu'il s'agira d'établir une imposition extraordinaire et de contracter un emprunt. La situation exceptionnelle de Paris, siége du Gouvernement et capitale de l'empire, et l'importance de Lyon, la ville la plus considérable après Paris, justifient complétement le recours à la loi pour des opérations qui peuvent, dans certains cas, prendre un caractère politique.

Enfin, il n'est pas dérogé aux dispositions spéciales concernant l'organisation de l'assistance publique, de l'administration du mont-de-piété et de l'octroi de Paris.

Cette réserve ne s'applique qu'au personnel de ces administrations. Le législateur a entendu maintenir les règles spéciales établies par la loi du 10 janvier 1849, l'arrêté du Président de la République du 24 avril suivant et le décret du 24 mars 1852, pour la nomination du directeur, des membres du conseil de surveillance, des médecins, chirurgiens et pharmaciens de l'assistance publique de Paris, ainsi que du directeur et des membres du conseil de surveillance du mont-de-piété.

Il en est de même pour l'administration de l'octroi de Paris, qui, aux termes de l'article 155 de la loi du 28 avril 1816, est soumise à des règlements particuliers. Conformément à l'article 2 de l'ordonnance royale du 22 juillet 1831, les directeurs et régisseurs seront nommés, savoir : le directeur par décret rendu sur la proposition du Ministre des finances, et les régisseurs par le Ministre de l'intérieur, sur la proposition du

Préfet de la Seine. Tous les autres préposés seront nommés par le Préfet.

Nous ne pouvons pas passer sous silence la discussion très-importante qui, à l'occasion de l'article 17, s'est engagée, au sein du Corps législatif, au sujet de certaines grandes opérations de voirie effectuées par la ville de Paris dans les conditions suivantes :

Pour l'ouverture d'une nouvelle voie publique exigeant le recours à l'expropriation, la Ville traite avec une compagnie qui se charge de lui livrer la quantité de mètres de terrain nécessaire et de supporter toutes les chances et tous les risques de l'entreprise. Les terrains, lorsqu'ils sont devenus disponibles, se divisent en deux parties : l'une qui sera le sol même de la rue, l'autre qui est destinée à recevoir des constructions, et reste la propriété de la compagnie. Comme gage de l'exécution du contrat, comme garantie du payement des indemnités dues aux propriétaires des immeubles qui seront expropriés et aux locataires, la compagnie est tenue de verser dans la caisse des travaux de Paris un cautionnement dont le chiffre est fixé d'après le montant présumé de ces indemnités.

De son côté, pour tenir compte à la compagnie du prix du terrain à occuper par la voie publique, de toutes les chances aléatoires qu'entraîneront l'expropriation, la revente des terrains, etc., etc., la Ville lui accorde une subvention payable, en six annuités, sur ses revenus ordinaires. De plus, afin de faciliter à la compagnie les moyens de négocier cette subvention, la Ville l'autorise à souscrire des bons de délégation et à les transmettre à des tiers. Ces bons, qui sont présentés au contrôle et au visa du service de la comptabilité de la Ville, ne commencent à avoir valeur qu'après que les expropriations poursuivies par la compagnie, aux lieu et place de la Ville, ont été effectuées et payées, et que tous les travaux qui devaient être faits ont été exécutés et reçus. Ainsi, pour une opération entreprise aujourd'hui et qui entraîne l'exécution de travaux ne devant être terminés que dans trois ans, les délégations que la compagnie donnerait sur la Ville ne commenceraient à avoir effet que dans trois ans.

On a prétendu que de semblables opérations constituaient des emprunts déguisés et que, dès lors, elles ne pouvaient être valablement approuvées que par un acte législatif, et non par un simple décret.

Le Gouvernement a soutenu que les opérations de voirie réalisées par la ville de Paris, dans les conditions ci-dessus relatées, ne sont point des emprunts véritables, mais des *marchés* passés pour l'exécution de travaux publics, payables par annuités ; des *traités* analogues à ceux dont parle l'article 16 de la présente loi, et pour l'approbation desquels il n'exige qu'un décret rendu en Conseil d'État. Or, les marchés de travaux ne sauraient constituer, par eux-mêmes, des contrats d'emprunt : ce sont des contrats imposant à un tiers l'obligation d'exécuter des travaux, et portant engagement, d'autre part, de les payer à des époques déterminées.

Lorsqu'une ville peut remplir ces engagements sur ses revenus ordinaires, sur les ressources normales de son budget, il n'y a pas emprunt. Ces marchés peuvent, sans doute, devenir des emprunts s'il y a des bons délégués à des tiers ; mais cette circonstance n'existe pas dans les espèces concernant la ville de Paris : elle n'a pas créé, elle n'a pas émis de bons de délégation ; ce n'est pas elle qui les a souscrits ; c'est l'entrepreneur ; c'est lui qui transmet ces bons à des tiers ; c'est donc lui qui emprunte, et non la Ville.

On objecte que ces bons sont visés et acceptés par la Ville ; mais ce visa, qui est une sécurité pour le tiers porteur, ne fait que constater l'exécution des engagements pris par l'entrepreneur ; l'acceptation de la Ville ne modifie pas son propre engagement ; elle n'en change pas la nature et n'y ajoute rien.

Cette théorie n'est nullement en désaccord avec la jurisprudence, telle qu'elle résulte d'avis de la Cour des comptes et de circulaires émanées du Ministère de l'intérieur. Il a été reconnu qu'une commune ne saurait être obligée de renfermer, d'une manière absolue, ses opérations dans une année de son revenu, et que, lorsqu'il s'agit d'entreprendre un travail d'utilité publique dont la dépense excéderait les ressources d'un seul exercice, elle peut répartir cette dépense sur plusieurs exercices en engageant ses ressources annuelles. Toutefois, pour éviter qu'au moyen de cet emploi anticipé de ses revenus une commune n'escomptât l'avenir sans réserve et sans mesure, on a jugé essentiel de fixer une limite au delà de laquelle les engagements qu'elle prendrait ne constitueraient plus un acte de simple administration, mais présenteraient le caractère d'un emprunt.

Aux termes d'une circulaire ministérielle du 11 mai 1864, toute opération communale qui n'engage pas les revenus de la commune pour plus de *six ans*, ne peut être assimilée à un emprunt. C'est seulement lorsque ce terme est dépassé qu'il y a lieu d'instruire l'affaire comme en matière d'emprunt et de la soumettre à l'accomplissement des formalités prescrites en pareil cas.

Cette circulaire n'a été l'objet d'aucune critique de la part de la Cour des comptes, qui a reconnu que la limite de *six ans* est justifiée, et qu'en laissant ainsi une certaine latitude aux administrations locales pour se mouvoir et exercer leur action, l'autorité supérieure concilie la rigueur des principes avec les exigences des services municipaux.

Cette règle étant posée, on a pu légalement et régulièrement l'appliquer à la ville de Paris; car, ce qui est légal et régulier dans un cas, l'est aussi dans un autre.

En résumé, comme l'a dit M. le Ministre d'État, aucun emprunt n'était nécessaire pour la ville de Paris, et elle n'en a contracté aucun; elle s'est bornée à faire acte d'administration en aménageant ses ressources pour l'exécution de travaux que réclamaient les splendeurs de la grande cité et les besoins de la circulation.

TITRE III.

Renouvellement des Conseils municipaux.

ART. 18.

A l'avenir, les Conseils municipaux seront élus pour sept ans.

Aucun article n'a donné lieu à des débats aussi vifs, tant au sein de la Commission que devant le Corps législatif. Pour ne pas sortir du cadre que nous nous sommes tracé, nous nous bornerons à rappeler sommairement la législation antérieure et à faire connaître les motifs invoqués à l'appui du nouveau système qui a prévalu.

Aux termes des articles 19 et 20 de la loi du 28 pluviôse an VIII, les membres des Conseils municipaux étaient nommés par les Préfets pour trois ans, et ils pouvaient être *continués*.

Vinrent ensuite :

1° Le sénatus-consulte organique de la Constitution du 16 thermidor an X, qui décida que les membres des Conseils municipaux seraient pris par chaque assemblée de canton, sur la liste des cent plus imposés du canton (art. 11) et que les Conseils municipaux se renouvelleraient tous les dix ans par moitié (art. 12);

2° La loi du 21 mars 1831, qui appela l'assemblée des électeurs communaux à élire les Conseillers municipaux (art. 10) et prescrivit le renouvellement des Conseils par moitié, tous les trois ans (art. 17);

3° La loi du 5 mai 1855, portant que les Conseillers municipaux sont élus, pour cinq ans, par les électeurs inscrits sur la liste communale dressée en vertu de l'article 13 du décret organique du 2 février 1852 (art. 7 et 8).

Tel est le dernier état de la législation.

En 1855, la Commission, d'accord avec le Gouvernement, jugea le renouvellement intégral préférable au renouvellement partiel. Cette dérogation à la loi du 21 mars 1831 fut motivée surtout par la nécessité de ne pas faire des appels trop fréquents au suffrage universel.

Lors de la discussion de l'article 18 de la nouvelle loi, trois systèmes se sont trouvés en présence :

Le maintien de la législation actuelle, c'est-à-dire le renouvellement quinquennal des Conseils municipaux coïncidant avec l'expiration des pouvoirs des Maires ;

La combinaison proposée, dans l'origine, par le Gouvernement, c'est-à-dire la durée du mandat des Conseillers portée au maximum de neuf années, et le renouvellement triennal et par tiers des Conseils, ne coïncidant pas avec la nomination des Maires ;

Enfin, le système arrêté par la Commission, définitivement accepté par le Gouvernement et adopté par le Corps législatif. C'est un système mixte qui se rapproche à la fois de la loi de 1855 et du projet primitif du Gouvernement, réunit les avantages qu'offraient l'un et l'autre, et évite les inconvénients qu'ils pouvaient présenter.

Le renouvellement des Conseils municipaux continuera à être *intégral*, comme sous l'empire de la loi de 1855 ; seulement, la durée de leurs pouvoirs sera de *sept ans*, au lieu de *cinq ans*. On a reconnu combien il importe de ne pas multiplier, sans une nécessité absolue, les élections municipales, qui touchent à de nombreux intérêts particuliers et qui, par cela même, font naître dans les communes des divisions regrettables, en réveillant ces petites jalousies locales, ces rivalités individuelles si lentes à s'apaiser lorsqu'elles ont été une fois excitées.

C'est afin de ne pas raviver trop souvent ces luttes intérieures que le Gouvernement avait d'abord proposé d'assigner au mandat des Conseillers municipaux une durée de *neuf ans*. Cette durée a paru trop longue. Pour conserver au suffrage universel sa force et sa sincérité, il convient, sans doute, de ne pas ouvrir trop fréquemment les comices électoraux; mais, d'un autre côté, il est essentiel que l'électeur ne perde pas l'habitude d'exercer son droit, et qu'il ne tombe pas dans l'indifférence; il faut aussi que le Conseil municipal soit la représentation la plus fidèle des besoins et des intérêts de la commune et l'expression la plus exacte de son opinion. Le terme de *sept ans* qui a été fixé, paraît devoir concilier toutes ces nécessités.

La durée des pouvoirs des Conseils municipaux étant ainsi portée à *sept ans*, tandis que les Maires ne sont nommés que pour *cinq ans*, aux termes de l'article 2 de la loi de 1855 qui est maintenu, la coïncidence entre l'élection des Conseils municipaux et la nomination des Maires se trouve supprimée.

Il ne faut pas se méprendre sur la portée de cette mesure, ou sur les intentions qui l'ont dictée.

En se prononçant pour le principe de la non-coïncidence, ni la Commission, ni le Gouvernement n'ont eu la pensée de dénaturer le caractère des pouvoirs du Maire et de porter atteinte aux libertés communales. Le Maire sera toujours le véritable représentant de la commune, le délégué des électeurs, le mandataire de ses concitoyens, en même temps que le représentant de l'État, comme magistrat de l'ordre civil et officier de la police judiciaire, et, sauf de très rares exceptions, il continuera à être choisi parmi les Conseillers municipaux. Aucun doute n'est plus permis à cet égard en présence des déclarations nettes et formelles, faites par le Gouvernement devant la Commission, et reproduites devant le Corps législatif.

Le législateur a voulu que le pouvoir du Maire ne vînt pas à expirer précisément au moment où, par suite de l'agitation électorale, il est plus nécessaire que ce pouvoir reste fort et respecté pour prévenir et réprimer, au besoin, tout désordre dans la commune.

Il a voulu que, dans l'élection du Conseil municipal, la désignation indirecte du Maire ne fût pas la préoccupation dominante ; qu'on ne fît pas de sa situation l'objectif principal de la lutte ; en un mot, que le choix ou l'exclusion d'un Maire ne devînt pas le but unique de l'élection.

L'autorité du maire étant mise hors de question, la liberté des électeurs sera plus complète, et les élections seront plus sincères, parce qu'elles se trouveront dégagées de l'influence de l'esprit de parti.

TITRE IV.

Dispositions diverses.

ART. 19.

Dans le cas où une commune sera divisée en sections pour l'élection des Conseillers municipaux, conformément à l'article 7 de la loi du 5 mai 1855, la réunion des électeurs ne pourra avoir lieu avant le dixième jour, à compter de l'arrêté du Préfet.

L'article 7 (§§ 2 et 3) de la loi du 5 mai 1855 modifiant, sur ce point, l'article 3 de la loi du

7 juillet 1852, porte que le Préfet peut, par l'arrêté pris en conseil de préfecture, diviser les communes en sections électorales ; qu'il peut, par le même arrêté, répartir entre les sections le nombre des Conseillers à élire, en tenant compte du nombre des électeurs inscrits.

Il ne s'agit pas de ces divisions qui ne sont établies que pour la commodité du vote, mais de celles qui partagent les électeurs en plusieurs fractions dont chacune ne nomme qu'une portion des membres du Conseil municipal.

Le rapporteur de la loi de 1855 a fait remarquer que la nécessité de ce fractionnement n'a jamais été méconnue. Une partie de la population d'une commune peut avoir des intérêts contraires à ceux d'une autre partie, ou du moins très-différents. C'est ce qui arrive notamment lorsque l'une de ces parties est *urbaine* et l'autre *rurale*, ou lorsqu'une section a des biens particuliers. Dans ces cas, la portion la plus nombreuse pourrait s'approprier tous les choix ; la moins peuplée ne serait pas représentée dans le Conseil municipal.

L'article 7 de la loi de 1855 a donné une satisfaction légitime aux intérêts locaux ; mais il n'a pas fixé de délai entre la convocation et la réunion des électeurs municipaux.

Pour ajouter aux garanties qui entourent la formation des sections électorales, l'article 19 de de la nouvlle loi complète l'article 7 de la loi de 1855, en disposant que la réunion des électeurs ne pourra avoir lieu avant le dixième jour, à compter de l'arrêté préfectoral qui fixe le nombre des sections.

ART. 20.

Les gardes champêtres sont chargés de rechercher, chacun dans le territoire pour lequel il est assermenté, les contraventions aux règlements de police municipale. Ils dressent des procès-verbaux pour constater des contraventions.

Les gardes champêtres, gardes messiers, ont été institués par le Code rural du 6 octobre 1791 pour *assurer les propriétés et conserver les récoltes*. Cette institution a été consacrée par la loi du 20 messidor an III qui décida (art. 1er) qu'il serait établi un garde dans toutes les communes, et rendit ainsi obligatoire une création qui, d'après la loi de 1791, était purement facultative.

Les articles 16 et suivants du Code d'instruction criminelle rangent les gardes champêtres, de même que les gardes forestiers, parmi les officiers de police judiciaire pour tout ce qui touche à la police rurale.

Les gardes champêtres ne peuvent exercer leurs fonctions hors du territoire pour lequel ils ont été assermentés. (*Arrêt de la Cour de cassation du 4 mars* 1818.)

Aux termes d'autres arrêts de la même Cour, des 13 février 1819, 1er décembre 1827 et 13 janvier 1865, les gardes champêtres ne sont pas chargés par la loi de la police urbaine ; leurs fonctions se bornent à la constatation des délits ruraux, et ils sont sans qualité pour constater d'autres délits ou contraventions, par exemple, les infractions aux règlements sur la fermeture des cabarets et autres lieux publics.

L'article 20 de la nouvelle loi a voulu remédier aux inconvénients d'une législation par suite de laquelle le Maire, dans la plupart des communes, se trouve obligé de faire, en personne, la police intérieure, notamment celle des cabarets.

En vertu de la disposition de l'article 20, les gardes champêtres qui, précédemment, n'étaient pas aptes à dresser des procès-verbaux autres que ceux de police rurale, auront désormais qualité pour constater, jusqu'à preuve contraire, les nombreuses contraventions de police municipale prévues par l'article 471 du Code pénal.

Un membre de la Commission avait proposé de rendre facultatif le salaire des gardes champêtre; mais la commission n'a pas jugé qu'il y eût lieu de changer l'état de choses actuel.

La loi précitée de messidor qui *exige* que chaque commune soit pourvue d'un garde champêtre, resta sans exécution depuis la loi du 18 juillet 1837 jusqu'au décret du 25 mars 1852, et la création de ces agents fut complétement subordonnée au vote du Conseil municipal. Mais le décret de 1852 ayant enlevé aux Maires, pour le transporter aux Préfets, le droit de nomination des gardes, on en conclut, à cette époque, que la disposition *impérative* de la loi de messidor se trouvait remise en vigueur, et qu'en cas de refus de l'administration municipale de voter le salaire d'un garde, l'autorité supérieure avait le droit de recourir à des voies de contrainte, par application des articles 30 et 39 de la loi du 18 juillet 1837.

En outre, la section de l'intérieur du Conseil d'État émit, le 28 décembre 1854, un avis de principe portant que le maximum fixé par la loi annuelle de finances, en matière d'impositions d'office, n'est point applicable aux salaires des gardes champêtres; d'où il suit qu'un simple décret peut imposer sur la contribution foncière dans une commune le nombre de centimes, *quel qu'il soit*, qui est nécessaire pour couvrir la dépense du garde, telle qu'elle a été inscrite d'office au budget de cette commune.

Cette doctrine de la section de l'intérieur nous a toujours paru très-discutable. Aux termes de l'article 3 du Code rural du 6 octobre 1791, le salaire des gardes champêtres était payable sur les amendes et, en cas d'insuffisance, la somme qui manquait devait être répartie au marc la livre de la contribution foncière. Plus tard, un décret du 3 fructidor an XIII disposa que, dans toutes les communes où le salaire des gardes ne pourrait être acquitté sur les revenus communaux, et lorsque les habitants ne consentiraient pas à former le traitement ou le complément de traitement par une souscription volontaire, la somme manquante serait répartie sur les propriétaires ou exploitants de fonds non enclos, au centime le franc de la contribution foncière de chacun d'eux. Enfin, la loi de finances du 21 avril 1832 a statué (art. 19 du budget des dépenses) qu'il ne serait plus fait de rôles spéciaux pour les impositions relatives au traitement des gardes champêtres, et que ces impositions, votées dans les formes prescrites par les articles 39 et 40 de la loi du 15 mai 1818, seraient comprises à titre de centimes additionnels dans le rôle de la contribution foncière, et porteraient, comme ces centimes, sur toutes les natures de propriétés.

Si la loi précitée de 1832 n'a fixé aucune limite à la contribution spéciale, c'est sans doute parce que le législateur a supposé que cette contribution serait spontanément votée par le Conseil municipal. D'ailleurs, la lacune a été comblée par la loi du 18 juillet 1837. En présence des dispositions claires et précises, des termes absolus et généraux de l'article 39 de cette dernière loi, pourquoi créer des exceptions qu'on ne trouve écrites ni dans la loi de 1832, ni dans les lois antérieures, et qui sont contraires au texte et à l'esprit de la législation actuelle ? En appliquant au traitement des gardes champêtres la limitation établie par le paragraphe 4 de cet article 39 (10 centimes pour les dépenses obligatoires et 20 centimes pour l'acquit de dettes résultant de condamnations judiciaires), court-on le risque de rendre incertain et précaire le traitement des gardes et de compromettre ainsi le service ? Ou bien, s'il y a lieu de pourvoir d'office à une autre dépense obligatoire, le Gouvernement ne pourrait-il plus, le maximum de 10 centimes sur la contribution foncière se trouvant déjà engagé, faire porter l'imposition que sur les trois autres contributions directes ? Les craintes manifestées à cet égard semblent exagérées, puisqu'aux termes de la disposition finale de l'article 39 précité, le maximum fixé par la loi annuelle de finances peut toujours être excédé en vertu d'une loi spéciale.

Au surplus, l'administration supérieure s'efforce de tempérer, dans la pratique, la rigueur du principe qui a été posé par la Section et de prévenir les froissements qu'une application générale de ce principe ne manquerait pas de faire naître dans les communes rurales. Il résulte d'instructions émanées du Ministère de l'intérieur que les gardes champêtres étant des *agents communaux*, si leurs services ne sont pas appréciés par les véritables représentants de la commune, c'est-à-dire *par le Conseil municipal*, le pouvoir central serait mal fondé à leur imposer une institution qu'ils repoussent; qu'en droit strict le Gouvernement pourrait recourir aux mesures coercitives, mais qu'il ne doit en user qu'avec une prudente réserve, après avoir épuisé tous les moyens de persuasion, et seulement lorsque de graves intérêts sont en jeu.

Nous ajouterons que, du moment où le garde champêtre n'est plus uniquement le *garde messier* du Code rural de 1791 et de la loi de messidor, et qu'il devient, en outre, l'auxiliaire du maire pour la police urbaine, il semblait rationnel que l'imposition destinée au salaire de cet agent, au lieu de continuer à frapper exclusivement sur la contribution *foncière*, en exécution de la loi de finances de 1832, fût répartie sur *les quatre contributions directes*, conformément au principe de l'égalité proportionnelle des charges. Cette heureuse modification vient d'être introduite par la loi du 31 juillet 1867, portant fixation du budget général des dépenses et des recettes ordinaires de l'exercice 1868. L'article 16 de cette loi, qui abroge l'article 19 de la loi du 21 avril 1832, est ainsi conçu :

« Les impositions extraordinaires pour le trai-
« tement des gardes champêtres seront votées
« conformément à l'article 42 de la loi du
« 18 juillet 1837 et porteront sur les quatre con-
« tributions. »

Cette nouvelle disposition aura pour résultat de rendre plus rare que précédemment l'application de l'avis de la section de l'intérieur du 28 décembre 1854. Les centimes additionnels pour le salaire des gardes devant, à l'avenir, peser sur les quatre contributions, le produit de cette imposition ainsi étendue suffira presque toujours pour assurer le payement intégral de la dépense, sans qu'il soit nécessaire d'excéder le maximum fixé annuellement par la loi de finances en matière d'imposition d'office.

ART 21.

Nul ne peut être Maire ou Adjoint dans une commune et Conseiller municipal dans une autre commune.

La disposition de l'article 18 de la loi du 21 mars 1831, portant que « nul ne peut être membre de deux Conseils municipaux, » s'appliquait nécessairement aux Maires et aux Adjoints, puisqu'aux termes du troisième paragraphe de l'article 3 de la même loi, ceux-ci devaient être choisis parmi les membres du Conseil municipal, sans cesser pour cela d'en faire partie.

Le deuxième paragraphe de l'article 10 de la loi du 5 mai 1855 s'est borné à reproduire la disposition précitée de l'article 18 de la loi de 1831. Mais l'article 57 de la Constitution du 14 janvier 1852, d'une part, et l'article 2, § 4, de la loi de 1855, de l'autre, permettent au Gouvernement de prendre les Maires et les Adjoints en dehors du Conseil municipal. Il suit de là que la disposition de l'article 18 de la loi de 1831 et celle de l'article 10 de la loi de 1855, concernant les conseillers municipaux, ne comprennent plus aujourd'hui les Maires et les Adjoints, l'incompatibilité ne pouvant être étendue, par voie d'analogie, à d'autres cas que ceux pour lesquels elle est écrite dans la loi.

L'article 21 de la présente loi comble cette lacune. Il est incontestable que la règle appliquée aux Conseillers municipaux doit l'être également au Maire et à l'Adjoint : le premier administre et représente la commune, préside le Conseil municipal avec voix délibérative et même prépondérante en cas de partage; le second jouit des mêmes droits que le Maire lorsqu'il le remplace. (Art. 19 de la loi de 1855.)

ART. 22.

La Commission nommée en cas de dissolution d'un Conseil municipal, conformément à l'article 13 de la loi du 5 mai 1855, peut être maintenue en fonctions pendant trois ans.

L'article 22, qui fixe la durée *possible* des Commissions municipales, peut être considéré comme une disposition additionnelle à l'article 18, lequel a étendu à *sept ans* la durée du mandat des Conseils municipaux.

Représentant les intérêts généraux du pays, chargé de protéger et de défendre les intérêts municipaux, le Gouvernement ne saurait rester désarmé et impuissant devant des actes d'hostilité ou d'opposition systématique d'un Conseil municipal. Aussi, à toutes les époques, il a été investi du droit de suspension et de dissolution. La Constitution du 5 fructidor an III donnait aux administrations de département la faculté d'annuler les actes des administrations municipales et d'en susprendre les membres, et elle accordait au Directoire le droit de les destituer.

Aux termes de la loi du 22 ventôse an IV, le Directoire était chargé de nommer provisoirement les membres des administrations municipales des communes au delà de 5,000 âmes, dans le cas où tous les membres de ces administrations auraient été frappés de destitution.

Le droit de suspendre et de dissoudre se retrouve également inscrit dans les lois des 21 mars 1831, 7 juillet 1852 et 5 mai 1855.

Si ce droit n'a jamais été contesté au Gouvernement, si la législation antérieure est d'accord sur ce principe fondamental, il faut reconnaître qu'elle a varié sur un point, sur une question d'appréciation : l'intervalle qui doit séparer la dissolution de la réélection.

D'après l'article 27 de la loi de 1831, il ne pouvait y avoir un délai *de plus de trois mois.*

La loi de 1852 disposait qu'en cas de dissolution, l'élection du nouveau Conseil aurait lieu dans le délai d'une *année*, et que le Préfet pourrait désigner, soit une Commission qui remplirait les fonctions de Conseil municipal, soit des citoyens pour assister le Maire dans les actes administratifs pour lesquels la loi ou les règlements exigent le concours d'un ou de plusieurs Conseillers municipaux. (Art. 9 et 10.)

L'expérience ne tarda pas à démontrer que le délai d'une année ne suffisait pas toujours. La dissolution d'un Conseil municipal étant une mesure rigoureuse qui ne peut être provoquée que par des faits d'une gravité exceptionnelle, il faut un temps plus long pour en effacer la trace, pour calmer les passions locales, éclairer les esprits égarés, neutraliser l'effet des mauvaises influences et ramener une population divisée à des idées de conciliation.

C'est par ce motif que le législateur de 1855 décida que la Commission nommée en cas de dissolution pourrait être maintenue en fonctions jusqu'au *renouvellement quinquennal*.

L'article 18 de la loi actuelle ayant porté de cinq à *sept ans* la durée du mandat des Conseils municipaux, il serait résulté implicitement de cette disposition, combinée avec celle de la loi de 1855, que la durée des Commissions municipales aurait pu être elle-même *de près de sept ans*.

Un pareil délai eût été excessif, surtout si l'on considère qu'il s'agit d'un régime d'exception au principe de la liberté communale, et que les Commissions ont été assimilées, pour leurs attributions et leurs pouvoirs, aux Conseils municipaux. Il eût été regrettable de voir une loi proposée sous une inspiration libérale prolonger ce régime, au lieu de le restreindre, et aggraver ainsi une situation qui tient en suspens le droit des électeurs.

Il importait donc de poser dans la loi une limite précise et raisonnable qui fût de nature à garantir le droit communal, tout en laissant au Gouvernement une latitude suffisante pour qu'il pût se mouvoir, exercer son action et en assurer l'efficacité. C'est dans ce double but que le terme de *trois ans* a été définitivement adopté.

Ce délai *maximum* ne pourra jamais être dépassé ; mais il ne s'ensuit pas que les Commissions doivent toujours avoir cette durée. Elles pourront évidemment cesser de fonctionner, si le Gouvernement ne voit aucun inconvénient à mettre fin au régime exceptionnel que des circonstances spéciales avaient rendu nécessaire, et à provoquer, avant l'expiration *des trois ans*, de nouvelles élections municipales.

ART. 23.

L'article 50 de la loi du 5 mai 1855 est abrogé.

Toutefois, dans les villes chefs-lieux de département ayant plus de 40,000 âmes de population, l'organisation du personnel chargé des services de la police est réglée, sur l'avis du Conseil municipal, par un décret impérial, le conseil d'État entendu.

Les inspecteurs de police, les brigadiers, sous-brigadiers et agents de police sont nommés par le Préfet, sur la présentation du Maire.

Si un Conseil municipal n'allouait pas les

fonds exigés pour la dépense ou n'allouait qu'une somme insuffisante, l'allocation nécessaire serait inscrite au budget par décret impérial, le Conseil d'État entendu.

Les attributions des Maires ont été déterminées et réglées par la loi du 18 juillet 1837.

Les articles 9 et 10 de cette loi chargent le Maire, sous *l'autorité* de l'administration supérieure, de l'exécution des mesures de sûreté générale et, sous sa *surveillance*, de la police municipale, de la police rurale et de la voirie municipale, ainsi que de tous les intérêts de la commune.

Le Maire réunit donc deux natures de fonctions essentiellement distinctes : il est tout à la fois le délégué du pouvoir exécutif dans la commune et le magistrat appelé à veiller aux intérêts purement municipaux.

Dans la première partie de ses attributions, le Maire se trouve associé à l'action du Gouvernement, de sorte que, si quelque trouble vient à éclater, si un mouvement populaire se produit dans la commune, il lui appartient d'agir et de prendre, *sous l'autorité du Préfet* dont il est le premier auxiliaire, les mesures nécessaires pour rétablir l'ordre et assurer la sécurité publique et l'exécution des lois.

Dans la seconde partie, le Maire procède seul, *sous la simple surveillance du Préfet*, pour tout ce qui concerne la police locale.

Enfin, aux termes de l'article 12 de la même loi, le Maire nomme à tous les emplois communaux pour lesquels la loi ne prescrit pas un mode spécial de nomination. Il suspend et révoque les titulaires de ces emplois.

Ces dispositions de la loi de 1837 constituent le droit commun, et jusqu'en 1855, elles furent appliquées à toutes les administrations municipales de l'empire indistinctement, à l'exception des villes de Paris et de Lyon, soumises à un régime spécial. A cette époque, lorsque la loi sur l'organisation municipale fut mise en délibération, le Gouvernement fut amené à penser que, si les dispositions précitées suffisaient à la bonne organisation des services de police dans la plupart des communes, il n'en était pas toujours de même pour les grandes cités où affluent les étrangers et les individus dont les antécédents ne sont pas connus.

« La sûreté générale de l'État, disaient les rapporteurs de la loi de 1855, a besoin d'une vigilance, d'un esprit de suite, d'une unité de vues, d'un ensemble de mesures pour lesquelles les maires des villes populeuses n'offrent pas des garanties aussi sérieuses que l'autorité de l'État. Ces magistrats, absorbés par la gestion des intérêts communaux et par les soins incessants de l'édilité, n'ont ni le temps ni la facilité de surveiller les éléments de désordre. Pour être efficace, une telle surveillance exige, soit avec l'administration centrale, soit avec les autres autorités de l'empire, des rapports suivis, joints à des moyens d'action qui ne rentrent pas dans les attributions des Maires. »

Ces motifs déterminèrent le législateur à détacher des pouvoirs des Maires, dans certains grands centres de population, les attributions qui touchent le plus directement à la paix publique et aux intérêts généraux, pour les réunir entre les mains des Préfets, les Maires conservant avec les attributions communales proprement dites, celles qui se rattachent spécialement à la police municipale.

L'article 50 de la loi du 5 mai 1855 avait disposé que, dans les communes chefs-lieux de département, dont la population excède 40,000 âmes, le Préfet remplirait les fonctions de préfet de police, telles qu'elles sont réglées par les dispositions actuellement en vigueur de l'arrêté des consuls du 12 messidor an VIII ; que les Conseils municipaux desdites communes seraient appelés, chaque année, à voter, sur la proposition du Préfet, les allocations devant être affectées à chacun des services dont les Maires cesseraient d'être chargés, et que ces dépenses seraient obligatoires.

En outre, un décret du 26 septembre suivant fixa le cadre du personnel affecté aux services de police dans les dix-sept villes régies par l'article 50, et décida que les employés et agents de tout ordre seraient nommés et commissionnés par le Préfet.

Ce régime exceptionnel, établi sous l'influence des préoccupations et des circonstances du moment, ne devait pas se prolonger indéfiniment. Aussi, à l'occasion de la loi actuelle sur les Conseils municipaux, le Gouvernement et la Commission du Corps législatif jugèrent opportun de changer l'économie de l'article 50 de la loi de 1855, et de rendre aux Maires une notable partie des attributions qui leur avaient été enlevées.

La disposition nouvelle, telle qu'elle fut soumise, dans l'origine, au vote de la Chambre, maintenait le principe de l'article 50 qui range les villes chefs-lieux de 40,000 âmes dans une catégorie particulière; mais elle contenait une liste de 15 objets appartenant à la police municipale et qui étaient restitués aux Maires. En outre, elle leur conférait le droit de nommer les agents exclusivement chargés des services municipaux. Quant à certains agents mixtes, chargés d'un service municipal et d'un service général, et placés alternativement sous les ordres de l'administration municipale et sous ceux de l'autorité supérieure, ils étaient nommés par le Préfet. Toutefois, les Maires ne restaient pas étrangers à cette nomination ; elle ne pouvait être faite que *sur leur présentation.*

C'était déjà un progrès sensible ; mais la Chambre voulut aller plus loin, et, dans cette intention, elle admit un amendement qui lui fut présenté en vue de restreindre l'application de l'article 50 de la loi de 1855 aux villes de plus de 100,000 âmes.

Par suite de ce vote, l'article 23 *primitif* fut renvoyé à la Commission et remplacé par la disposition actuelle qui a été définitivement adoptée.

Cette disposition donne une légitime satisfaction aux intérêts engagés. D'une part, elle abroge l'article 50 de la loi de 1855, abrogation qui a pour conséquence de rendre aux Maires toutes les attributions qui leur ont été conférées par les lois antérieures, notamment par celles des 24 août 1790, 19-22 juillet 1791 et 18 juillet 1837, et de replacer sous la direction de ces magistrats le bureau de police et le commissaire qui en est le chef.

D'autre part, elle contient une réserve qui se justifie par la nécessité incontestable de soumettre à des règles spéciales de police les grandes agglomérations, afin d'y fortifier les garanties de l'ordre et de la sûreté publique. Dans les villes chefs-lieux de département ayant 40,000 âmes, le Gouvernement conserve le droit d'organiser le personnel chargé des services de la police. Cette organisation sera réglée par décret rendu en conseil d'État, après avis du Conseil municipal.

Ainsi que le portait le projet primitif, les inspecteurs, brigadiers, sous-brigadiers et agents de police seront nommés par le Préfet, sur *la présentation du Maire.* Ce droit de présentation permettra au Maire d'exercer directement son action sur le choix des agents; il aura donc pour effet de sauvegarder l'influence personnelle de ce magistrat et de resserrer, dans la pratique, les liens qui doivent unir l'administration du Préfet et celle de la municipalité, appelées à se prêter un mutuel concours.

En résumé, la disposition de l'article 23, provoquée, en partie, par le vote de la Chambre et complétée par l'initiative du Gouvernement, consacre l'une des mesures les plus libérales de la nouvelle loi.

ART. 24.

Toutes les dispositions de lois antérieures demeurent abrogées en ce qu'elles ont de contraire à la présente loi.

L'article 24 ne fait que consacrer un principe incontestable. Une disposition identique avait été insérée dans le projet de loi qui est devenu la loi du 18 juillet 1837 ; mais elle fut supprimée par suite d'un avis de la Commission de la Chambre des députés qui la jugea superflue.

Comme on l'a vu, la loi nouvelle touche, sur plusieurs points, à trois lois principales qui forment la base fondamentale de la législation communale : la loi du 18 juillet 1837, le décret législatif du 25 mars 1852, la loi du 5 mai 1855. On comprend aisément les incertitudes et les embarras qu'éprouveront les administrations locales, notamment dans les campagnes, pour discerner celles des dispositions de ces lois qui sont modifiées ou abrogées par la loi de 1867, de celles qu'elle déclare maintenir. Le seul remède efficace à cet inconvénient serait une codification complète des lois municipales, ou une loi unique, conformément au vœu souvent exprimé au sein des assemblées législatives.

Dans son rapport, M. le président Bonjean a groupé, sous les seize chefs suivants, les dispositions de la loi nouvelle :

1° Suppression, pour certaines affaires, de la nécessité de l'*approbation* préalable (art. 1er et 6);

2° Libre emploi des *excédants* de recettes (art. 2 et 6);

3° Règles nouvelles sur les *centimes extraor-*

dinaires et les *emprunts communaux* (art. 3, 5, 6 et 7);

4° Règles nouvelles sur les *octrois* (art. 8, 9 et 10);

5° Règles nouvelles sur l'établissement des *marchés* (art. 11);

6° Règles nouvelles sur les *emprunts* pour les établissements charitables (art. 12);

7° Règles nouvelles sur les changements de *circonscription des communes* (art. 13);

8° Règles nouvelles sur la création des *bureaux de bienfaisance* (art. 14);

9° Dispositions concernant les villes ayant 3 millions de revenus (art. 15, 16 et 17);

10° Renouvellement des conseils municipaux (art. 18);

11° à 16° Dispositions relatives : — aux forêts et bois de l'État (art. 4); — aux élections dans les communes divisées en plusieurs sections (art. 19);

— aux gardes champêtres (art. 20); — aux Maires et adjoints (art. 21); — à la durée des Commissions municipales (art. 22); — à l'abrogation de l'article 50 de la loi du 5 mai 1855 (art. 23).

Le savant rapporteur donne ensuite des indications qui permettent de remonter à la législation antérieure. Nous reproduisons ici cette intéressante partie de son travail, en précisant les dispositions de lois, notamment de celle du 18 juillet 1837 et du décret du 25 mars 1852, que la loi nouvelle abroge ou modifie.

Article 1er.

No 1.

Pour le n° 1 (acquisitions d'immeubles), voir: lois, arrêtés, décrets, ordonnances et avis des 14 décembre 1789 (art. 54); 5-10 août 1791 (art. 7); 17-19 novembre 1791; 24 avril 1793 (art. 21 et 23); 27 février et 3 septembre 1811;

8 août 1821 (art. 2); 31 août 1830; 18 juillet 1837 (art. 19, 21, 46 et suivants).

Le n° 1 de l'article 1er déroge à l'article 19, n° 3, de la loi de 1837, et au n° 41, tableau A, du décret du 25 mars 1852.

N° 2.

Pour le n° 2 (baux à loyer), voir : lois des 11 février et 5 novembre 1790 (art. 13) ; arrêté du 7 germinal an IX; décret du 12 août 1807; ordonnance du 7 octobre 1818 et loi du 25 mai 1835; loi du 18 juillet 1837 (art. 19, n° 5, et art. 47).

Le n° 2 déroge au n° 5 de l'article 19 de la loi de 1837.

N° 3.

Pour le n° 3 (projets de grosses réparations et d'entretien), voir : lois des 16 octobre 1790; 30 janvier 1791; 18 juillet 1837; ordonnance du 14 novembre 1837.

Le n° 3 déroge au n° 6 de l'article 19 de la loi de 1837, et au n° 49, tableau A, du décret de 1852.

N° 4.

Pour le n° 4 (tarifs des droits de place dans les halles, foires et marchés), voir : lois des 15-28 mars 1790 (titre II, art. 19); 11 frimaire an VII (art. 4 et 7); 4 thermidor an X (art. 7); 3 nivôse an XIII; 18 juillet 1837 (art. 31, n° 6).

Le n° 4 déroge au n° 2 de l'article 19 de la loi de 1837, et au n° 34, tableau A, du décret de 1852.

N° 5.

Pour le n° 5 (droits pour locations et permis de stationnement sur les rues, places, etc.), voir : édit de novembre 1697; lois des 21 avril 1832, et 18 juillet 1837 (art. 31, n° 7).

Le n° 5 déroge au n° 53, tableau A, du décret de 1852.

N° 6.

Pour le n° 6 (tarif des concessions dans les cimetières), voir : décret du 23 prairial an XII (titre III); ordonnance du 6 décembre 1843; loi du 18 juillet 1837 (art. 31, n° 9).

Le n° 6 déroge au n° 47, tableau A, du décret de 1852.

N° 7.

Le n° 7 (assurance des bâtiments communaux) déroge au n° 3 de l'article 19 de la loi de 1837.

N° 8.

Le n° 8 (affectation d'une propriété communale à un service communal) déroge au même numéro du même article.

N° 9.

Pour le n° 9 (acceptation ou refus de dons et legs) voir : arrêté du 4 pluviôse an XII; décret du 12 août 1807 ; loi du 2 janvier 1817 ; ordonnance du 2 avril 1817 ; loi du 18 juillet 1837 ; décret du 25 mars 1852.

Le n° 9 déroge au n° 9 de l'article 19 de la loi de 1837, et à l'article 42, tableau A, du décret de 1852, qui reste applicable lorsqu'il y a réclamation.

ART. 2. — (Libre disposition des excédants de recettes.)

L'article 2 déroge à l'article 36 de la loi de 1837. Les budgets communaux demeurent, pour le surplus, régis par les articles 33, 37, 38, 39 de la loi de 1837, et par le décret du 25 mars 1852, tableau A, n° 35.

ART. 3, 5, 6 et 7. — (Impositions extraordinaires et emprunts communaux.)

Voir, pour les impositions : lois des 14 décembre 1789 (art. 54) et 22 décembre 1789 ; janvier 1790 ; 7-11 février 1791 (art. 4) ; 13-17 juin 1791 ; 3 août 1793 ; 15 frimaire an VI (art. 12) ; 11 frimaire an VII (art. 7, 9, 11, 68) ;

21 ventôse an IX (art. 8); 13 floréal an X (art. 12); 4 germinal an XI (art. 18); 5 ventôse an XII (art. 98); 2 ventôse an XIII (art. 35); 3 septembre 1814; 28 avril 1816 (art. 28); 25 mars 1817 (art. 44 et 45); 15 mai 1818 (art. 31, 39, 40, 41); 18 juillet 1837.

Pour les emprunts : 14-18 octobre 1789; instruction de l'Assemblée nationale du 8 janvier 1790; lois des 3-10 décembre 1790, 7-11 février 1791 et 5-10 août de la même année; 15 mai 1818; 18 juillet 1837.

Les articles 3, 5 et 7 de la loi nouvelle dérogent aux articles 40 et 41 de la loi de 1837; l'article 6 maintient les dispositions des articles 18 et 42 de ladite loi.

ART. 4. — (Bois et forêts de l'État.)

Voir : lois des 3 frimaire an VII; 19 ventôse an IX ; 2 mars 1832; 21 mai 1836 (art. 13); 12 juillet 1865 (art. 3); 18 juillet 1866 (art. 6); l'article 4 abroge la loi du 19 ventôse an IX.

Art. 8, 9 et 10. — (Règles nouvelles pour les octrois.)

Voir : loi du 5 ventôse an VIII ; arrêté du 13 thermidor an VIII, décret du 17 mai 1809 ; ordonnance du 9 décembre 1814 ; lois des 28 avril 1816 ; 11 juin 1842 ; 10 mai 1846 ; décret-loi du 17 mars 1852 ; loi du 22 juin 1854.

L'article 8 maintient les règles de la législation existante.

Les articles 9 et 10 dérogent à l'article 8 de l'ordonnance du 9 décembre 1814, et à l'article 8 de la loi du 11 juin 1842.

Art. 11 — (Règles nouvelles sur l'établissement des marchés.)

Voir : lois des 28 mars et 16-24 août 1790 ; instruction générale de l'Assemblée nationale du 12 août 1790 ; lois des 14 août 1793 ; 18 vendémiaire an II ; 23 fructidor an VI ; arrêté du gouvernement du 7 thermidor an VIII ; loi du 10 mai 1838 ; décret du 25 mars 1852, tableau B, n° 2.

L'article 11 abroge le paragraphe 3 de l'article 6, et le paragraphe 3 de l'article 41 de la loi de 1838.

ART. 12. — (Emprunts par les établissements charitables.)

Voir: lois des 16 vendémiaire an V; 7 frimaire an V; 16 messidor an VII; ordonnances des 31 octobre 1821; 6 juin 1830; 6 juillet 1846; loi du 7 août 1851.

L'article 12 déroge aux articles 40 et 41 de la loi du 18 juillet 1837 et à l'article 12 de la loi du 7 août 1851.

ART. 13. — (Changements de circonscriptions communales.)

Voir: loi du 14 décembre 1789; instruction législative de l'Assemblée nationale du 12-24 août 1790; constitution de 1791 (titre II, art. 8); lois des 10 juin 1793 (section 1re, art. 1 et 2) et 18 juillet 1837 (art. 1, 2, 3, 4, 5, 6, 7, 8.)

L'article 13 modifie les deuxième et troisième paragraphes de l'article 4 de la loi de 1837.

ART. 14.— (Règle nouvelle sur l'établissement des bureaux de bienfaisance.)

Voir : lois des 7 frimaire et 16 vendémiaire an V; 4 ventôse et 9 fructidor an XI; 12 juillet 1807; 2 juillet 1816; ordonnances des 31 octobre 1821, 24 décembre 1826, 6 juin 1830, 31 mai 1838; décret du 24 mars 1852.

L'article 14 déroge au décret de 1852, tableau A, n° 55, lettre *y*.

ART. 15. — (Budgets des villes et des établissements de bienfaisance ayant 3 millions de revenus) [1].

Voir: lois des 14 décembre 1789 et 28 plu-

[1] Ces villes ne sont aujourd'hui qu'au nombre de cinq : Paris qui, d'après les comptes administratifs de 1865, a 134,393,800 fr. de recettes ordinaires; — Marseille, 11,218,938 francs ; — Lyon, 9,174,877 francs ; — Bordeaux, 5,066,222 francs ; — Rouen, 3 millions 645,068 francs. — Viennent ensuite Lille, 2,910,422 francs ; Nantes, 2,495,263 francs ; — Toulouse, 2,225,830 francs ; — Le Havre, 2,215,583 francs.

Quant aux établissements de bienfaisance, ceux de Paris seuls ont un revenu ordinaire supérieur à 3 millions ; il est de 20 millions 800,000 francs.

viôse an VIII; arrêté du 4 thermidor an X; décret du 4 février 1806; ordonnances des 28 janvier 1815, 23 avril 1823, 31 mai 1838, 24 janvier 1843 et 15 janvier 1844 (cette dernière est spéciale à la ville de Paris); loi du 18 juillet 1837; décret du 25 mars 1852.

L'article 15 modifie, en ce qui concerne ces établissements et ces villes, autres que celle de Paris, dont le budget a toujours été réglé par un acte du Gouvernement, la disposition du décret de 1842 (§ 35 du tableau A.)

ART. 16. — (Traités à passer dans les villes ayant 3 millions de revenus pour l'exécution, par entreprises, des travaux déclarés d'utilité publique; traités portant concession des grands services municipaux; tarifs et traités relatifs aux pompes funèbres.)

Voir : ordonnance du 14 novembre 1837 et décret du 25 mars 1862; décret du 23 prairial an XII; décret du 18 mai 1806.

Cet article déroge, en ce qui concerne lesdites villes, au décret de 1852, n° 48, tableau A.

ART. 17.— (Dispositions générales concernant les villes de Paris et de Lyon.)

Voir: lois des 20 avril 1834 et 18 juillet 1837; décrets des 24 et 25 mars 1852.

Le premier paragraphe de cet article abroge l'article 74 de la loi de 1837 et l'article 7 du décret du 25 mars 1852.

Les deuxième et troisième paragraphes établissent une exception aux règles posées par les articles 1, 3, 5, 6, 7 et 9 de la présente loi.

ART. 18.— (Renouvellement des conseils municipaux.)

Voir : loi du 28 pluviôse an VIII (art. 19 et 20); sénatus-consulte organique de la constitution du 16 thermidor an X (art. 11 et 12); lois des 21 mars 1831, et 5 mai 1855.

Cet article déroge au deuxième paragraphe de l'article 8 de la loi de 1855.

ART. 19. — (Élections dans les communes divisées en plusieurs sections.)

Voir : lois des 21 mars 1831 et 5 mai 1855.

L'article 19 complète la disposition de l'article 7 de la loi de 1855.

ART. 20. — (Nouvelles attributions conférées aux gardes champêtres.)

Voir : lois des 6 octobre 1791 (art. 5); 20 messidor an III (art. 2); Code des délits et peines du 3 brumaire an IV; lois des 17 août 1822, 21 avril 1832, 18 juillet 1837; décret du 25 mars 1852.

ART. 21. — (Maires et adjoints.)

Voir : loi du 21 mars 1831 (art. 18); constitution du 14 janvier 1852 (art. 57); loi du 5 mai 1855 (art. 2, § 4, et art. 9).

ART. 22. —(Commissions municipales.)

Voir: constitution du 5 fructidor an III; lois du 22 ventôse an IV; 21 mars 1831; 7 juillet 1852; 5 mai 1855.

Cet article modifie l'article 13 de la loi de 1855.

ART. 23. — (Abrogation de l'article 50 de la loi de 1855.)

Voir: lois des 16-24 août 1790; 19-22 juillet 1791; 18 juillet 1837 (art. 9, 10 et 12); 5 mai 1855; décret du 26 septembre 1855.

Le projet de loi sur les Conseils municipaux a été délibéré et adopté par le Corps législatif, dans les séances des 8, 9, 10, 11, 12, 13 et 15 avril, 13 et 24 mai 1867.

Dans sa séance du 19 juillet 1867, le Sénat a décidé que la loi ne serait pas renvoyée à une nouvelle délibération du Corps législatif, et il a déclaré ne pas s'opposer à sa promulgation.

Nous avons fait notre travail, le *Moniteur* sous les yeux et, pour ainsi dire, jour par jour, au fur et à mesure que chaque article du projet de loi était discuté et adopté par le Corps législatif, et nous l'avons livré à l'impression bien avant que les instructions ministérielles aient été préparées.

En présence d'une loi nouvelle, destinée à se coordonner avec d'autres lois en vigueur, et dont certaines dispositions présentent de l'ambiguïté, nous ne nous sommes pas dissimulé que l'administration supérieure pourrait donner à certains articles une interprétation différente de la nôtre. On verra, en lisant la circulaire du 3 août 1867, que nous sommes d'accord avec elle sur presque tous les points. Pour ceux qu'elle a appréciés autrement que nous, nous reconnaissons, tout en conservant, quant à présent, notre manière de voir, qu'ils prêtent à la controverse, et que le véritable sens de la loi ne pourra être fixé que par la pratique et la jurisprudence.

4 août 1867.

INSTRUCTIONS MINISTÉRIELLES.

MINISTÈRE DE L'INTÉRIEUR.

Division de l'administration communale et hospitalière.

Instructions relatives à l'exécution de la loi du 24 juillet 1867, en ce qui concerne les attributions des conseils municipaux.

Paris, le 3 août 1867

Monsieur le Préfet, une loi, en date du 24 juillet 1867, vient d'apporter des modifications importantes aux dispositions qui régissent l'administration des communes, et notamment à celles qui déterminent les attributions des conseils municipaux.

Déjà le décret du 25 mars 1852, sur la décentralisation administrative, et celui du 13 avril 1861, en confiant aux préfets et aux sous-préfets la décision d'un grand nombre d'affaires communales, en ont rendu l'instruction plus simple et l'expédition plus rapide. Mais la loi nouvelle réalise un progrès plus important.

Inspirée par la même pensée que la loi rendue l'année dernière sur les attributions des Conseils généraux, elle confère, dans des cas nombreux, aux représentants des communes une autorité propre; elle réserve seulement à l'administration supérieure l'approbation des mesures qui, par leur importance exceptionnelle, peuvent atteindre les intérêts généraux du pays, ou sont de nature à engager gravement l'avenir des communes et à compromettre leur situation financière.

Vous remarquerez néanmoins, Monsieur le Préfet, que la loi nouvelle a laissé subsister les règles fondamentales sur lesquelles repose, depuis de longues années, la législation communale. La loi du 18 juillet 1837 n'est pas abrogée, et si considérables que soient les modifications qu'elle a reçues, cette loi demeure applicable en tous ceux de ses articles auxquels une disposition postérieure n'a pas porté atteinte.

Ces explications vous permettront de saisir l'esprit et la portée de la loi dont vous trouverez ci-joint le texte, et sur laquelle je crois nécessaire de vous donner des instructions destinées à en rendre l'application plus facile et plus régulière.

Art. 1er et 6, § 1.

L'article 1er énumère plusieurs séries d'affaires qui seront, à l'avenir, réglées par les Conseils municipaux.

Aux termes de l'article 17 de la loi du 18 juillet 1837, ces conseils ne prononçaient que sur un petit nombre d'objets. Vous remarquerez, au contraire, l'intérêt et la diversité des affaires sur lesquelles les assemblées municipales seront désormais appelées à statuer.

Le législateur a toutefois apporté une restriction à ce pouvoir. Si, sur l'un des objets énumérés par l'article 1er, un désaccord s'élève entre le Maire et le Conseil municipal, la délibération de ce conseil doit être soumise à l'approbation du Préfet. Il vous sera facile de saisir l'utilité de cette disposition. Mais vous ne perdrez pas de vue qu'elle met entre vos mains un droit exceptionnel, dont il ne conviendra de faire usage qu'avec la plus grande circonspection. Vous devrez peser mûrement les objections présentées par le Maire, tenir grand compte de la majorité plus ou moins considérable à laquelle aura été votée la mesure soumise à votre appréciation, et ne pas hésiter à approuver les délibérations du Conseil municipal, toutes les fois qu'elles ne seront pas de nature à compromettre réellement les intérêts de la commune. Vous vous attacherez enfin, Monsieur le Préfet, à maintenir l'unité de vues entre les Conseils municipaux et les Maires, et vous ne permettrez pas que ces derniers puissent trouver, dans la disposition finale de l'article 1er, un moyen d'entraver la marche des affaires et d'annuler la liberté d'action que la loi a entendu assurer aux Conseils municipaux.

Vous remarquerez que la disposition restrictive dont je viens de vous entretenir n'existe pas dans la loi du 18 juillet 1837, et que, dès lors, les affaires comprises dans l'article 17 de cette loi doivent, comme par le passé, être réglées par le Conseil municipal, lors même que ses délibérations seraient contraires à l'avis du Maire.

L'article 1er de la loi nouvelle et les articles 2 et 3, dont il sera parlé ci-après, sont complétés par l'article 6, qui déclare applicable aux délibérations auxquelles ils se réfèrent l'article 18 de la loi du 18 juillet 1837. Ainsi ces délibérations seront exécutoires par elles-mêmes, si, dans le délai d'un mois à partir du jour où une expédition vous aura été adressée, vous ne les avez pas annulées, soit d'office, pour violation d'une disposition de loi ou d'un règlement d'administration publique, soit sur la réclamation d'une partie intéressée. Il vous appartiendra, de plus, conformément au même article de la loi de 1837, de suspendre l'exécution de la délibération du

Conseil municipal pendant un nouveau délai d'un mois.

Toutes les fois que vous serez saisi d'une délibération prise en vertu de l'article 1er, je vous recommande de vous assurer que le Maire s'est conformé aux prescriptions de l'ordonnance du 18 décembre 1838, en prévenant les habitants, par la voie des annonces et publications usitées dans la commune, qu'ils pouvaient se présenter à la mairie pour prendre connaissance de la délibération.

L'examen des diverses catégories d'affaires sur lesquelles les Conseils municipaux auront désormais le droit de statuer, ne me paraît devoir donner lieu qu'à quelques observations.

§ 1. Acquisitions.

§ 3. Travaux de réparation et d'entretien.

En ce qui touche les acquisitions, le nouveau pouvoir attribué à ces conseils est limité au cas où la dépense, jointe à celle des autres acquisitions réalisées dans le même exercice, ne dépasse pas le dixième des revenus ordinaires de la commune.

Le calcul devra être fait, non sur le total des recettes ordinaires figurant au budget de l'exercice courant, mais sur la moyenne de ces recettes, établie d'après les comptes administratifs des trois dernières années. La même observation s'applique aux travaux de grosses réparations et d'entretien, sur lesquels les Conseils municipaux statueront dorénavant, lorsque les devis, réunis à ceux déjà votés dans le même exercice, n'excéderont pas le cinquième des revenus communaux ordinaires.

§ 2. Baux.

En ce qui concerne les baux, vous remarquerez qu'aucune disposition de la loi nouvelle n'autorise à considérer comme abrogé le dernier paragraphe de l'article 47 de la loi du 18 juillet 1837, et que, dès lors, tout acte de bail passé par le Maire devra, pour devenir exécutoire, être revêtu de votre approbation. Je vous engage à ne refuser cette approbation que pour des motifs exceptionnels, et, par exemple, dans le cas où les termes de l'acte de bail ne reproduiraient pas exactement le sens des dispositions adoptées par le Conseil municipal. Rien n'est changé quant aux baux des biens pris à loyer par les communes, et vous continuerez, par conséquent, à approuver les délibérations prises en pareille matière par les Conseils municipaux. (Loi du 18 juillet 1837, articles 19 et 20, et décret du 25 mars 1852, tableau A.)

§ 5. Tarifs des droits de place.

Le paragraphe 5, concernant les tarifs des droits à percevoir pour le stationnement sur les rues, places et autres lieux dépendant du domaine public communal, ne modifie pas la règle d'après laquelle ces mêmes tarifs doivent être soumis à l'approbation de l'autorité supérieure, quand il s'agit des ports, quais, rivières et autres lieux dépendant de la grande voirie, à raison des intérêts généraux qui se rattachent à la liberté du commerce et de la navigation, et que ces perceptions pourraient compromettre.

§ 9. Legs.

A l'égard des legs faits aux communes sans charges, conditions, ni affectation immobilière, sur l'acceptation desquels le paragraphe 9 donne aux conseils municipaux le droit de statuer, vous aurez soin de veiller à ce que les Conseils municipaux s'assurent que les héritiers du testateur ont consenti à la délivrance des libéralités, ou que, du moins, ils ont été appelés à se prononcer par une mise en demeure régulière.

Emploi des fonds disponibles.

Art. 2.

L'article 2 déroge aux dispositions de l'article 36 de la loi du 18 juillet 1837, d'après lesquelles

les dépenses peuvent être rejetées ou réduites par l'autorité qui règle le budget. Il accorde aux Conseils municipaux la faculté de répartir à leur gré le surplus des recettes restant disponibles, après que le payement de toutes les dépenses obligatoires a été assuré, et lorsque d'ailleurs aucune recette extraordinaire n'est affectée à l'acquittement des dépenses, soit obligatoires, soit facultatives.

Il est bien entendu que, pour profiter du bénéfice de cet article, les communes ne devront faire figurer en recettes ordinaires que celles qui sont énoncées dans l'article 31 de la loi de 1837. Toutefois, elles pourront également y comprendre le produit des centimes spéciaux, votés en exécution des lois des 21 mai 1836 et 15 mars 1850, pour les chemins vicinaux et l'instruction primaire, et ceux qui sont destinés au salaire des gardes champêtres. Ce sont là, en effet, des ressources ordinaires et annuelles.

On ne saurait, au contraire, considérer comme faisant partie des ressources communales ordinaires, les centimes extraordinaires et spéciaux créés par la loi du 10 avril 1867, pour la gratuité de l'enseignement primaire, et par l'article 3 de la présente loi, pour les chemins vicinaux ordinaires.

Impositions extraordinaires et emprunts.
Art. 3, 5 et 7.

Les articles 3, 5 et 7 apportent des modifications importantes aux règles auxquelles était soumise jusqu'à présent l'autorisation des impositions extraordinaires et des emprunts.

L'article 3 investit les Conseils municipaux du droit de *régler* par un simple vote :

1° Dans la limite du maximum fixé, chaque année, par le Conseil général, en exécution de l'article 4 de la loi du 18 juillet 1866, des contributions extraordinaires n'excédant pas 5 centimes pendant cinq ans, pour en appliquer le produit à des dépenses extraordinaires d'utilité communale ;

2° Les emprunts remboursables en cinq ans, sur le produit de ces cinq centimes, ou en douze ans sur les revenus ordinaires.

Il ne saurait être douteux, Monsieur le Préfet, que les centimes communaux destinés aux dépenses annuelles obligatoires ou facultatives, ainsi que les centimes spéciaux votés en vertu des lois du 21 mai 1836 et du 15 mars 1850, ne se confondront pas avec les centimes extraordinaires que les Conseils municipaux pourront voter jusqu'à concurrence du maximum fixé par le Conseil général.

Mais je crois utile d'ajouter qu'on ne devra pas non plus considérer comme compris dans ce maximum, les centimes extraordinaires et spéciaux destinés au service de l'instruction primaire, en vertu de la loi du 10 avril 1867 (art. 8), et ceux qui sont affectés par l'article 3 de la présente loi aux dépenses des chemins vicinaux ordinaires.

Le soin de fixer le nombre des centimes extraordinaires que les Conseils municipaux pourront voter sans l'autorisation du Gouvernement constituera l'une des attributions les plus importantes des Conseils généraux. Dès la session qui va s'ouvrir, vous aurez à soumettre à ce sujet vos propositions au Conseil général de votre département. Vous savez que, d'après la loi du 18 juillet 1866, le Conseil général ne peut autoriser le vote de ces impositions extraordinaires que jusqu'à concurrence du chiffre de 20 centimes. Conviendra-t-il d'atteindre ce maximum dans votre département, ou de se restreindre à un chiffre notablement inférieur? La solution de cette question dépendra de diverses circonstances délicates à apprécier, au nombre desquelles doivent figurer : la richesse du département, le nombre de centimes ordinaires ou extraordinaires inscrits à son budget, notamment le chiffre de ceux qui ont pour objet de pourvoir au service de l'instruction primaire et des chemins vicinaux; le taux des frais de poursuites auxquelles donne lieu la perception des contributions directes (1), et en général toutes

(1) La moyenne du taux des frais de poursuites dans l'ensemble des départements est de 1.28.

les causes permanentes ou accidentelles qui contribuent à rendre ou facile ou malaisé le recouvrement de l'impôt.

Je vous engage, Monsieur le Préfet, à donner tous vos soins à ce travail, dont l'intérêt politique ne vous échappera pas. Vous jugerez sans doute nécessaire de n'arrêter vos propositions qu'après avoir pris l'avis du directeur des contributions directes. Il sera même utile, à ce qu'il me semble, que ce fonctionnaire soit appelé à éclairer, par ses explications, la décision du Conseil général.

D'après l'article 3, paragraphe 2, de la loi, les Conseils municipaux peuvent voter 3 centimes extraordinaires, *exclusivement* affectés aux chemins vicinaux ordinaires.

Ces trois centimes, dont l'affectation légale ne saurait être modifiée, serviront à améliorer une catégorie de chemins très-intéressante pour les populations rurales, et qui, trop souvent, est dépourvue de toute dotation, par suite de l'emploi des ressources spéciales, créées en vertu de la loi du 21 mai 1836, à l'entretien ou à l'achèvement des chemins de grande communication et d'intérêt commun. Mais, à la différence de ces ressources, les nouveaux centimes n'ont qu'un caractère facultatif; et vous ne pourriez, en aucun cas, les imposer d'office aux communes, si les Conseils municipaux se refusaient à les voter.

Vous ne perdrez pas de vue, Monsieur le Préfet, qu'à la différence des centimes spéciaux autorisés par les lois du 21 mai 1836 et du 15 mars 1850, les trois centimes dont le vote est autorisé par l'article 3 de la présente loi, ainsi que ceux qui peuvent être votés pour la gratuité de l'enseignement (art. 8 de la loi du 10 avril 1867), fignrent au nombre des ressources communales extraordinaires et doivent, à ce titre, être votés suivant les formes prescrites par l'article 42 de la loi du 18 juillet 1837, c'est-à-dire par les plus imposés réunis au Conseil municipal.

Relativement aux impositions extraordinaires, votées aussi avec le concours des plus imposés, pour le traitement des gardes champêtres, il importe de constater qu'en vertu de la loi du 21 avril 1832, elles étaient établies uniquement sur la propriété foncière, et que dorénavant, d'après la loi de finances de l'exercice 1868, elles porteront sur les quatre contributions. C'est là une modification qui trouve sa justification dans l'article 20 de la nouvelle loi. D'après la législation antérieure, les gardes champêtres n'avaient qualité que pour rechercher les délits ruraux. En les autorisant à constater désormais toutes les contraventions aux règlements de police municipale, l'article 20 cesse de restreindre leurs fonctions à la protection des propriétés foncières. Il est donc équitable de faire peser sur tous les contribuables de la commune une dépense qui intéresse la généralité des habitants.

Art. 5.

L'article 5 dispose que les Conseils municipaux votent, sauf approbation du préfet : 1° les contributions extraordinaires qui dépasseraient 5 centimes sans excéder le maximum fixé par le Conseil général, et dont la durée ne serait pas supérieure à douze ans; 2° les emprunts remboursables sur ces mêmes contributions extraordinaires, ou sur les revenus ordinaires, dans un délai excédant douze ans.

Les pouvoirs que vous confère l'article 5, Monsieur le Préfet, sont très-étendus. Vous en userez, je n'en doute pas, avec toute la prudence que commande l'intérêt bien entendu des communes. Il importe surtout que les emprunts communaux n'aient pour but que le payement de dépenses d'une nécessité incontestable; qu'ils soient toujours circonscrits dans des limites modérées et proportionnées surtout aux ressources disponibles, de manière à ne pas obérer les finances de la commune au préjudice des services municipaux les plus essentiels. Il sera prudent, qu'à moins de circonstances exceptionnelles, le terme d'amortissement des emprunts, même remboursables sur les revenus ordinaires, n'excède pas quinze ou vingt ans.

Vous remarquerez que les articles 3 et 5 sont d'une application générale et qu'ils n'établissent aucune distinction entre les impositions extraordinaires destinées au payement des dépenses obligatoires et celles qui ont pour objet des dépenses purement facultatives. Les unes et les autres seront, selon leur quotité, votées directement par les Conseils municipaux ou approuvées par les Préfets, dans la limite du maximum fixé par le Conseil général. Au-dessus de ce maximum, l'article 40 de la loi du 18 juillet 1837 reste applicable, et, en conséquence, il vous appartient d'approuver, dans les communes ayant moins de 100,000 francs de revenus, les impositions extraordinaires destinées au payement des dépenses obligatoires. Ces impositions seront approuvées, dans les communes dont le revenu est égal ou supérieur à 100,000 francs, par un décret impérial.

Art. 7.

Les articles 40 et 41 de la loi de 1837 exigeaient l'intervention du Corps législatif pour toute demande d'imposition et d'emprunt formée par les communes ayant un revenu supérieur à 100,000 francs.

L'article 7 de la nouvelle loi, qui est le complément de l'article 5, dispose que toute contribution extraordinaire dépassant le maximum fixé par le Conseil général, et tout emprunt remboursable sur ressources extraordinaires, dans un délai excédant douze années, seront autorisés par *décret*. Seulement, ce décret sera *rendu en Conseil d'État*, s'il s'agit d'une commune ayant un revenu supérieur à 100,000 francs.

Le recours à une loi ne sera nécessaire que lorsque la somme à emprunter dépassera un million, ou que, réunie au chiffre d'autres emprunts non encore remboursés, elle excédera ce chiffre. L'intervention du Corps législatif, en matière d'emprunts, n'est donc plus déterminée, comme d'après la loi de 1837, par le chiffre du revenu des communes, mais bien par l'importance de la somme à emprunter.

Aux termes d'une circulaire du 11 mai 1864, vous deviez faire instruire, comme en matière d'emprunts, et me soumettre tous projets d'acquisitions ou de traités avec des entrepreneurs, lorsque ces projets engageaient les ressources ordinaires du budget communal *au delà d'une durée de six ans*. Ces prescriptions se trouvent nécessairement modifiées par suite des dispositions des articles 3, 5 et 7 de la nouvelle loi. Le droit de statuer sur ces acquisitions et sur ces traités rentrera désormais dans la compétence des Conseils municipaux, dans les attributions du Préfet, ou dans celles du Gouvernement ou du pouvoir législatif, suivant les distinctions que la présente loi a établies relativement au vote et à l'approbation des emprunts communaux.

Il n'est point innové en ce qui concerne les impositions d'office : elles continueront à être soumises aux règles tracées par l'article 39 de la loi du 18 juillet 1837.

Concours des plus imposés.
Art. 6, § 2.

En vertu du deuxième paragraphe de l'article 6, le concours des plus imposés est nécessaire pour le vote des contributions extraordinaires et des emprunts, sur lesquels les Conseils municipaux statuent directement, ou sur lesquels ils délibèrent, sauf approbation des Préfets.

Il semble qu'il était superflu d'inscrire dans la loi nouvelle cette disposition, qui se borne à maintenir une règle déjà en vigueur; mais le législateur a jugé utile de déterminer d'une manière précise dans quelles conditions s'exerceraient les pouvoirs nouveaux confiés aux Conseils municipaux et aux Préfets par les articles 3 et 5 de la loi.

Il faut, du reste, se garder de conclure de ce qui précède que le concours des plus imposés n'est plus exigé lorsqu'il s'agit des emprunts ou des impositions qui doivent être approuvés conformément à l'article 7. La loi nouvelle ne contenant aucune disposition relative à la forme des délibérations prises au sujet de ces actes, ils demeurent soumis aux règles établies par la loi du 18 juillet 1837, et l'intervention des plus imposés est nécessaire toutes les fois que la commune a moins de 100,000 francs de revenus ordinaires.

Telles sont, Monsieur le Préfet, les nouvelles règles posées en matière de contributions extraordinaires et d'emprunts : leur stricte application intéresse la bonne gestion des affaires communales, et je ne saurais trop la signaler à votre active vigilance. La situation financière des communes devra être l'objet des constantes préoccupations des administrations locales, et vous ne manquerez pas, pour vous conformer à l'article 5 de la loi du 18 juillet 1866, de mettre chaque année sous les yeux du Conseil général de votre département le relevé de tous les emprunts communaux et de toutes les impositions extraordinaires communales qui auront été votés depuis sa dernière session, avec l'indication du chiffre total des centimes extraordinaires et des dettes dont chaque commune est grevée. Ce relevé sera dressé dans la forme des tableaux dont je vous transmettrai prochainement le modèle. Vous me l'adresserez après la session du Conseil général, et je me réserve d'en faire, *tous les cinq ans*, un résumé général qui me permettra d'établir la situation financière de toutes les communes de l'empire.

Contribution des bois de l'État aux charges communales.
Art. 4.

L'article 4 de la nouvelle loi augmente les ressources des communes en abrogeant la loi du 19 ventôse an IX, qui avait affranchi de toute contribution les bois et forêts de l'État, et en les assujettissant désormais, dans la proportion de la moitié de leur valeur imposable, au payement des centimes additionnels ordinaires et extraordinaires affectés aux dépenses des communes. Une disposition analogue avait déjà été insérée dans la loi du 18 juillet 1866 en faveur des départements; elle consacre, dans les deux cas, quoique avec quelques restrictions, le principe de l'égalité devant l'impôt.

Octrois.
Art. 8, 9 et 10.

Les articles 8, 9 et 10 concernent les octrois.

En vertu de l'article 8, l'établissement des taxes d'octroi et les règlements relatifs à leur perception restent soumis à l'approbation du Gouvernement. A cet égard, les règles posées par l'ordonnance du 9 décembre 1814 et par les lois des 28 avril 1816 et 11 juin 1842 continuent à recevoir leur application ; mais l'article 9 élargit les attributions des Conseils municipaux, en ce qui concerne :

1° La diminution ou la suppression des taxes d'octroi ;

2° La prorogation, pendant cinq ans au plus, des taxes principales ;

3° L'augmentation des taxes jusqu'à concurrence d'un décime pour cinq ans au plus.

Les délibérations prises sur ces différents

points seront désormais exécutoires sans approbation du Préfet, mais dans les conditions déterminées par l'article 18 de la loi du 18 juillet 1837, si le Conseil municipal est d'accord avec le Maire, si aucune des taxes maintenues ou modifiées n'excède le maximum déterminé dans un tarif général qui sera établi, après avis des Conseils généraux, par un règlement d'administration publique, et si d'ailleurs les taxes ne portent que sur des objets compris dans ce tarif.

Ce tarif général est actuellement à l'étude, et des instructions vous seront adressées par M. le ministre des finances pour qu'il soit soumis, pendant la prochaine session, au Conseil général de votre département.

Un décret ne sera plus nécessaire pour autoriser la prolongation des taxes additionnelles existantes et l'augmentation des taxes principales au delà d'un décime, si elles sont établies dans les limites du maximum des droits et de la nomenclature des objets fixés par le tarif général. Mais, dans ces deux cas, d'après l'article 10, les délibérations du Conseil municipal ne seront exécutoires que sur votre approbation.

Quant aux surtaxes d'octroi, rien n'est changé au mode de leur création ; elles ne pourront, comme précédemment, aux termes de l'article 9 de la loi de finances du 11 juin 1842 et de l'article 18 de la loi de finances du 22 juin 1854, être établies qu'en vertu d'une loi spéciale.

Emprunts des hospices.

Art. 12.

La loi nouvelle vous confie, Monsieur le Préfet, le pouvoir d'autoriser les emprunts des établissements de bienfaisance communaux qui n'ont pas plus de 100,000 francs de revenus ordinaires, lorsque le terme de remboursement n'excédera pas douze ans, que la somme à emprunter ne dépassera pas le chiffre des revenus ordinaires et que l'avis du Conseil municipal sera favorable.

Si l'une de ces trois conditions fait défaut,

l'emprunt ne pourra être autorisé que par un décret, et vous aurez à me transmettre le dossier de l'affaire. Le décret sera rendu en Conseil d'État, si l'avis du Conseil municipal est contraire, ou s'il s'agit d'un établissement ayant plus de 100,000 francs de revenus, c'est-à-dire dont les recettes ordinaires auront atteint ce chiffre, d'après les comptes administratifs des trois derniers exercices.

Enfin, l'emprunt ne pourra être autorisé que par une loi, lorsque la somme à emprunter dépassera 500,000 francs, ou lorsque, réunie au chiffre d'autres emprunts non encore remboursés, elle excédera 500,000 francs.

Je ne puis trop vous recommander, Monsieur le Préfet, d'apporter la plus grande circonspection dans l'instruction des demandes d'emprunt formées par des établissements de bienfaisance. Ces institutions n'ont pas, comme les communes, la faculté de se créer des ressources à l'aide d'impositions ou de taxes d'octroi. Les emprunts remboursables au moyen de l'aliénation d'une partie de la dotation sont presque toujours désastreux et entravent l'action des établissements par les sacrifices qu'impose leur amortissement. Il importe donc, en général, de ne les autoriser que pour une durée de *dix* à *douze* ans au plus, et dans le cas où leur remboursement pourrait s'effectuer facilement sur les revenus ordinaires, sans faire tort aux services charitables.

Enfin, toutes les fois que l'emprunt aura pour objet la construction, l'agrandissement ou la reconstruction des établissements, vous m'adresserez, avant de les approuver, les plans et devis des travaux. Je les soumettrai à l'examen du conseil des inspecteurs généraux des établissements de bienfaisance, dont les avis, inspirés par la connaissance approfondie des exigences du service charitable et de la situation même des établissements, seront si profitables aux commissions administratives.

Changements de circonscriptions territoriales.

Art. 13.

Les dispositions de l'article 13, concernant les changements de circonscriptions territoriales, n'apportent aucune modification aux règles tracées par le titre Ier de la loi du 18 juillet 1837, pour l'instruction de ces affaires. Elles ont pour but d'en faciliter la solution, soit en rapprochant des intéressés l'autorité chargée de la décision, soit en rendant moins fréquente l'intervention du pouvoir législatif.

D'après cet article, la sanction législative n'est plus nécessaire que dans deux circonstances :

1° Lorsque le projet modifie les limites d'un canton, d'un arrondissement ou d'un département ;

2° Lorsque le Conseil général est opposé à la mesure proposée.

Dans les autres cas, il est statué par un décret ou par un arrêté préfectoral.

Le Préfet statue lorsque les deux conditions suivantes se trouvent réunies :

1° Avis favorable du Conseil municipal ou des Conseils municipaux assistés des plus imposés;

2° Avis conforme du Conseil général.

Les avis qui, sans être explicitement contraires, seraient accompagnés de réserves devraient être considérés comme défavorables, et la compétence n'appartiendrait plus au Préfet.

Il n'y a pas lieu de distinguer si le projet consiste à distraire une section, soit pour la réunir à une autre commune, soit pour l'ériger en municipalité distincte, ou à réunir ensemble plusieurs communes. L'assentiment du Conseil municipal assisté des plus imposés et l'avis conforme du Conseil général, suffisent pour rendre le Préfet compétent. Ni l'étendue du territoire, ni le chiffre de la population de la commune ou des communes intéressées ne sont pris en considération par la loi.

Si le Conseil général est favorable à la mesure malgré l'opposition des Conseils municipaux intéressés, il est statué par un décret rendu dans la forme des règlements d'administration publique.

Je n'ai pas d'instructions spéciales à vous adresser à l'égard des projets qui exigent l'intervention d'un décret ou d'une loi ; plusieurs circulaires y ont déjà pourvu. Vous vous reporterez notamment à celle du 29 août 1849.

Les arrêtés que vous serez appelé à prendre dans les cas que je viens de spécifier, seront libellés dans la forme des décrets rendus aujourd'hui en exécution de la loi du 18 juillet 1837. Vous aurez soin d'y viser les pièces qui constatent l'accomplissement des formalités d'instruction exigées par cette loi, savoir : le procès-verbal d'enquête, l'avis de la commission ou des commissions syndicales, l'avis favorable du Conseil municipal ou des Conseils municipaux délibérant avec le concours des plus imposés, l'avis du Conseil d'arrondissement et l'avis favorable du Conseil général, de telle sorte que l'arrêté porte en lui-même la preuve de sa régularité.

Dans le dispositif de ces actes, la fixation des limites devra toujours être en concordance parfaite avec les indications du plan, lequel restera joint à la minute de l'arrêté. Enfin, s'il y a lieu, vous réglerez par le même arrêté les conditions des réunions ou des distractions que vous aurez prononcées, ainsi que le prescrit l'article 7 de la loi du 18 juillet 1837.

Vous voudrez bien me transmettre deux expéditions de vos arrêtés : l'une restera déposée dans mes bureaux et l'autre sera envoyée, par mes soins, à M. le ministre des finances. En outre, vous les ferez insérer au Recueil des actes administratifs de la préfecture.

Bureaux de bienfaisance.

Art. 14.

Aux termes de l'article 14, il vous appartient, Monsieur le Préfet, d'autoriser l'établissement des bureaux de bienfaisance, après avoir pris l'avis des Conseils municipaux. En vous conférant cette attribution, le législateur s'est proposé d'encourager la distribution des secours à domicile, que facilite la création de ces modestes mais excellentes institutions.

Dans l'intérêt même de ces établissements, et pour assurer leur stabilité, vous aurez soin d'exiger, avant de prendre une décision, qu'ils soient pourvus d'une dotation d'au moins 50 *francs*, soit en revenus d'immeubles, soit en rentes sur l'État, sans compter les subventions qui peuvent être accordées par les Conseils municipaux et les recettes légalement attribuées aux pauvres, telles que le tiers du produit des concessions de terrains dans les cimetières et le droit établi en faveur des indigents, à l'entrée des spectacles, bals et concerts.

Si des dons et legs de capitaux ou des remboursements sont faits aux bureaux de bienfaisance, ils devront être employés en achat de rentes 3 p. 0/0 sur l'État, à moins de vœux contraires formellement exprimés par les bienfaiteurs.

En ce qui concerne la composition des commissions administratives, vous n'aurez qu'à vous reporter au décret du 23 mars 1852, qui, comme vous le savez, a été rendu applicable aux bureaux de bienfaisance par le décret du 17 juin suivant.

La loi nouvelle n'apporte aucun changement à la jurisprudence sur les affaires connexes, telle qu'elle résulte de l'avis du Conseil d'État du 27 décembre 1855. En conséquence, toutes les fois que la création d'un bureau de bienfaisance sera liée à l'autorisation d'une libéralité entre-vifs ou testamentaire, sur laquelle il appartiendrait au Gouvernement de se prononcer, vous voudrez bien joindre au dossier les pièces relatives à la création de l'établissement, de manière à ce qu'un seul et même décret puisse statuer sur l'ensemble de l'affaire.

Il est de principe que les revenus des bureaux de bienfaisance doivent servir à distribuer des secours à domicile ou à faire soigner, au sein de leurs familles, les indigents malades ou infirmes qui, sans ce secours, seraient obligés de demander leur admission dans un hôpital. Aussi, un bureau ne pourrait-il, à moins de fondation expresse, appliquer ses ressources à la création de lits dans un hospice, ou à l'établissement d'écoles, de salles d'asile, etc.

Enfin, je vous recommande, Monsieur le Préfet, de veiller à ce que les secours destinés aux pauvres leur soient distribués, sans distinction de culte ou de catégories, et d'exiger chaque année, indépendamment du compte administratif, la production du compte moral, prescrit par l'instruction du 8 février 1823 et la circulaire du 10 mars 1866.

Villes ayant 3 millions de revenus.
Art. 15 et 16.

Aux termes de l'article 15, les budgets des villes ayant 3 millions au moins de revenus doivent être soumis à l'approbation de l'Empereur, sur la proposition du ministre de l'intérieur.

Cet article restreint les pouvoirs qui vous

avaient été attribués par le décret du 25 mars 1852.

Le chiffre de 3 millions, à partir duquel cessera votre compétence, devra résulter des recettes ordinaires constatées, pendant les trois derniers exercices, aux comptes de la commune. Si l'article 15 est applicable à une commune de votre département, vous m'adresserez les propositions relatives au budget avec toutes les pièces qui s'y rattachent, le rapport du Maire, les délibérations du Conseil municipal et votre avis. Ces documents devront m'être transmis, au plus tard, au commencement du dernier trimestre de l'année, de manière à ce que le décret d'approbation puisse être rendu et notifié avant l'ouverture de l'exercice suivant, c'est-à-dire avant le 1er janvier.

Vous m'adresserez également, Monsieur le Préfet, avec toutes les pièces justificatives, les demandes de crédits supplémentaires faites en cours d'exercice, ainsi que les chapitres additionnels et les comptes administratifs. Je les approuverai, s'il y a lieu, en vertu des dispositions des articles 34 et 60 de la loi du 18 juillet 1837, que l'article 15 de la présente loi rend implicitement applicables aux communes ayant 3 millions de revenus.

Sauf les dispositions exceptionnelles concernant les villes qui ont plus de 3 millions de revenus, la loi nouvelle ne contient aucun article relatif à l'approbation des budgets communaux, mais les articles 3 et 5 de la loi entraînent par voie de conséquence une innovation que je dois vous signaler.

Il vous appartient, en vertu du décret du 25 mars 1852, d'approuver les budgets des communes, à moins qu'ils ne contiennent une imposition extraordinaire sur laquelle l'autorité compétente n'ait pas encore prononcé.

Cette dernière restriction a pour objet, comme vous l'expliquait un de mes prédécesseurs dans la circulaire du 5 mai 1852, de garantir que les préfets n'engageront pas à l'avance la décision du gouvernement, en ce qui concerne une imposition extraordinaire. Il suit de là, Monsieur le Préfet, qu'il n'existe désormais aucune raison pour soumettre à l'approbation du gouvernement les budgets communaux où se trouve formulée la demande d'une imposition extraordinaire, si cette imposition est susceptible d'être votée directement par le conseil municipal, ou si le droit de l'approuver rentre dans votre compétence. Dans l'un et l'autre cas, l'approbation du budget vous appartiendra. Vous savez, de plus, qu'aux termes de l'article 33 de la loi du 18 juillet 1837, vous êtes compétent pour approuver, sans exception, les budgets de toutes les communes dont les revenus ordinaires sont inférieurs à 100,000 francs.

Le décret du 25 mars (tableau A, n° 48), combiné avec l'article 2 de l'ordonnance réglementaire du 14 novembre 1837, attribue aux préfets l'approbation de tous les marchés de travaux ou de fournitures que les communes peuvent être amenées à passer de *gré à gré* avec des entrepreneurs, quand des circonstances exceptionnelles ne leur permettent pas de recourir à la voie de l'adjudication.

L'article 16 de la loi actuelle vous retire ce droit d'approbation, à l'égard des marchés de gré à gré qui seraient passés par les villes ayant 3 millions au moins de revenus, pour l'exécution des travaux d'ouverture de nouvelles voies publiques et de tous autres travaux communaux déclarés d'utilité publique. Les marchés devant être, à l'avenir, approuvés par des décrets rendus en conseil d'État, vous me les adresserez avec toutes les pièces à l'appui et vos propositions.

La même observation s'applique aux traités qui porteraient concession, à titre exclusif ou pour une durée de plus de trente années, des grands services municipaux des villes de cette catégorie, ainsi qu'aux tarifs et traités relatifs aux pompes funèbres, qui se trouvent ainsi replacés, dans ces villes, sous le régime établi par le décret du 18 mai 1806.

Vous recevrez ultérieurement des instructions

sur les diverses dispositions qui font l'objet des titres III et IV de la loi.

Telles sont, dans leur ensemble, Monsieur le Préfet, les prescriptions de la loi nouvelle, en ce qui concerne les attributions des conseils municipaux. Elle marque, dans la voie de la décentralisation administrative, un pas assez considérable pour qu'il soit intéressant de résumer ici d'un coup d'œil les progrès accomplis depuis la fondation de nos municipalités.

Placés à l'origine, par les lois de l'Assemblée constituante, par la Constitution directoriale de l'an III et par la loi du 28 pluviôse an VIII dans une dépendance presque absolue vis-à-vis de l'administration supérieure, les corps municipaux ont réclamé, sous la Restauration, des pouvoirs plus complets et mieux définis. Un projet de loi municipale préparé à cette époque est demeuré sans résultat; le gouvernement de 1830 a repris l'œuvre commencée, et d'un long travail parlementaire est sortie la loi du 18 juillet 1837. Cette loi, dont il serait injuste de méconnaître aujourd'hui les bienfaits, a déterminé avec une remarquable clarté les fonctions des conseils municipaux ; elle leur a confié, dans la plupart des cas, un droit exclusif d'initiative; mais elle avait presque toujours réservé le droit de décision au préfet ou à une autorité plus élevée. La direction des affaires échappait aux représentants des communes. La loi nouvelle, au contraire, la leur a attribuée dans une large mesure.

Ces transformations ont été l'œuvre progressive de l'expérience et du temps. L'honneur n'en doit pas être exclusivement revendiqué par les gouvernements qui les ont réalisées ; il appartient surtout aux modestes assemblées, dont le dévouement et l'intelligence se sont consacrés sans relâche à entretenir et à développer la prospérité de ces associations communales, auxquelles les populations sont si profondément attachées, non-seulement par la communauté des intérêts, mais aussi par celle des souvenirs et des affections. L'active prévoyance des conseils municipaux, leur amour du bien public, l'usage fécond qu'ils ont fait de leur mandat, ont ainsi préparé et justifié par avance la confiance avec laquelle les pouvoirs publics leur délèguent aujourd'hui de nouvelles et plus importantes attributions.

Recevez, Monsieur le Préfet, l'assurance de ma considération très-distinguée.

Le Ministre de l'intérieur,

LA VALETTE.

LOI

Sur les Conseils municipaux.

Du 24 juillet 1867.

TITRE PREMIER.

Des attributions des Conseils municipaux.

ARTICLE PREMIER.

Les Conseils municipaux règlent, par leurs délibérations, les affaires ci-après désignées, savoir :

1° Les acquisitions d'immeubles, lorsque la dépense, totalisée avec celle des autres acquisitions déjà votées dans le même exercice, ne dépasse pas le dixième des revenus ordinaires de la commune ;

2° Les conditions des baux à loyer des maisons et bâtiments appartenant à la commune, pourvu que la durée du bail ne dépasse pas dix-huit ans ;

3° Les projets, plans et devis de grosses réparations et d'entretien, lorsque la dépense totale afférente à ces projets et aux autres projets de la même nature, adoptés dans le même exercice, ne dépasse pas le cinquième des revenus ordinaires de la commune, ni, en aucun cas, une somme de 50,000 francs ;

4° Le tarif des droits de place à percevoir dans les halles, foires et marchés ;

5° Les drois à percevoir pour permis de stationnement et de locations sur les rues, places et autres lieux dépendant du domàine public communal ;

6° Le tarif des concessions dans les cimetières ;

7° Les assurances des bâtiments communaux ;

8° L'affectation d'une propriété communale à un service communal, lorsque cette propriété n'est encore affectée à aucun service public, sauf les règles prescrites par des lois particulières;

9° L'acceptation ou le refus de dons ou legs faits à la commune, sans charges, conditions ni affectation immobilière, lorsque ces dons et legs ne donnent pas lieu à réclamation.

En cas de désaccord entre le maire et le conseil municipal, la délibération ne sera exécutoire qu'après approbation du préfet.

ART. 2.

Lorsque le budget communal pourvoit à toutes les dépenses obligatoires et qu'il n'applique aucune recette extraordinaire aux dépenses, soit obligatoires, soit facultatives, les allocations portées audit budget par le conseil municipal, pour des dépenses facultatives, ne peuvent être ni changées ni modifiées par l'arrêté du préfet ou par le décret impérial qui règle le budget.

ART. 3.

Les Conseils municipaux peuvent voter, dans la limite de maximum fixé chaque année par le Conseil général, des contributions extraordinaires n'excédant pas 5 centimes pendant cinq années, pour en affecter le produit à des dépenses extraordinaires d'utilité communale.

Ils peuvent aussi voter 3 centimes extraordinaires, exclusivement affectés aux chemins vicinaux ordinaires.

Les Conseils municipaux votent et règlent, par leurs délibérations, les emprunts communaux remboursables sur les centimes extraordinaires votés comme il vient d'être dit au premier paragraphe du présent article, ou sur les ressources ordinaires, quand l'amortissement, en ce dernier cas, ne dépasse pas douze années.

En cas de désaccord entre le maire et le conseil municipal, la délibération ne sera exécutoire qu'après approbation du préfet.

ART. 4.

A l'avenir, les forêts et les bois de l'État acquitteront les centimes additionnels ordinaires et extraordinaires affectés aux dépenses des communes, dans la proportion de la moitié de leur valeur imposable, le tout sans préjudice des dispositions de l'article 13 de la loi du 21 mai 1836, de l'article 3 de la loi du 12 juillet 1865 et du paragraphe 2 de l'article 3 de la présente loi.

ART. 5.

Les Conseils municipaux votent, sauf approbation du préfet :

1° Les contributions extraordinaires qui dépasseraient 5 centimes sans excéder le maximum fixé par le Conseil général, et dont la durée ne serait pas supérieure à douze années;

2° Les emprunts remboursables sur ces mêmes contributions extraordinaires ou sur les revenus ordinaires, dans un délai excédant douze années.

ART. 6.

L'article 18 de la loi du 18 juillet 1837 est applicable aux délibérations prises par les Conseils municipaux en exécution des articles 1er, 2 et 3 qui précèdent.

L'article 42 de la même loi est applicable aux contributions extraordinaires et aux emprunts votés par les conseils municipaux en exécution des articles 3 et 5.

ART. 7.

Toute contribution extraordinaire dépassant le maximum fixé par le Conseil général, et tout emprunt remboursable sur ressources extraordinaires, dans un délai excédant douze années, sont autorisés par décret impérial.

Le décret est rendu en conseil d'État, s'il s'agit d'une commune ayant un revenu supérieur à 100,000 francs.

Il est statué par une loi, si la somme à emprunter dépasse un million, ou si ladite somme, réunie au chiffre d'autres emprunts non encore remboursés, dépasse un million.

ART. 8.

L'établissement des taxes d'octroi votées par les Conseils municipaux, ainsi que les règlements relatifs à leur perception, sont autorisés par décrets impériaux rendus sur l'avis du conseil d'État.

Il en sera de même en ce qui concerne :

1° Les modifications aux règlements ou aux périmètres existants;

2° L'assujettissement à la taxe d'objets non encore imposés dans le tarif local;

3° L'établissement ou le renouvellement d'une taxe sur des objets non compris dans le tarif général indiqué ci-après;

4° L'établissement ou le renouvellement d'une taxe excédant le maximum fixé par ledit tarif général.

ART. 9.

Sont exécutoires, dans les conditions déterminées par l'article 18 de la loi du 18 juillet 1837, les délibérations prises par les Conseils municipaux, concernant :

1° La suppression ou la diminution des taxes d'octroi;

2° La prorogation des taxes principales d'octroi, pour cinq ans au plus;

3° L'augmentation des taxes jusqu'à concurrence d'un décime pour cinq ans au plus,

Sous la condition, toutefois, qu'aucune des taxes ainsi maintenues ou modifiées n'excédera le maximum déterminé dans un tarif général qui sera établi, après avis des conseils généraux, par un règlement d'administration publique, ou qu'aucune desdites taxes ne portera sur des objets non compris dans ce tarif.

En cas de désaccord entre le Maire et le Conseil municipal, la délibération ne sera exécutoire qu'après approbation du Préfet.

ART. 10.

Sont exécutoires, sur l'approbation du Préfet, lesdites délibérations ayant pour but :

La prorogation des taxes additionnelles actuellement existantes;

L'augmentation des taxes principales au delà d'un décime,

Dans les limites du maximum des droits et de la nomenclature des objets fixés par le tarif général.

ART. 11.

Les Conseils municipaux délibèrent sur l'établissement des marchés d'approvisionnement dans leur commune.

Le paragraphe 3 de l'article 6 et le paragraphe 3 de l'article 41 de la loi du 10 mai 1838 sont abrogés en ce qui concerne lesdits marchés.

ART. 12.

Les délibérations des commissions administratives des hospices, hôpitaux et autres établissements charitables communaux, concernant un emprunt, sont exécutoires en vertu d'un arrêté du préfet, sur avis conforme du Conseil municipal, lorsque la somme à emprunter ne dépasse pas le chiffre des revenus ordinaires de l'établissement, et que le remboursement doit être effectué dans un délai de douze années.

Si la somme à emprunter dépasse ledit chiffre, ou si le délai de remboursement est supérieur à douze années, l'emprunt ne peut être autorisé que par un décret de l'Empereur.

Le décret d'autorisation est rendu dans la forme des règlements d'administration publique, si l'opinion du Conseil municipal est contraire ou s'il s'agit d'un établissement ayant plus de 100,000 francs de revenus.

L'emprunt ne peut être autorisé que par une

loi, lorsque la somme à emprunter dépasse 500,000 francs, ou lorsque ladite somme, réunie au chiffre d'autres emprunts non encore remboursés, dépasse 500,000 francs.

ART. 13.

Les changements dans la circonscription territoriale des communes faisant partie du même canton sont définitivement approuvés par les préfets, après accomplissement des formalités prévues au titre 1er de la loi du 18 juillet 1837, en cas de consentement des Conseils municipaux, et sur avis conforme du Conseil général.

Si l'avis du conseil général est contraire, ou si les changements proposés dans les circonscriptions communales modifient la composition d'un département, d'un arrondissement ou d'un canton, il est statué par une loi.

Tous autres changements dans la circonscription territoriale des communes sont autorisés par des décrets rendus dans la forme des règlements d'administration publique.

ART. 14.

La création des bureaux de bienfaisance est autorisée par les préfets, sur l'avis des Conseils municipaux.

TITRE II.

Dispositions concernant les villes ayant trois millions de revenus.

ART. 15.

Les budgets des villes et des établissements de bienfaisance ayant trois millions au moins de revenus sont soumis à l'approbation de l'Empereur, sur la proposition du ministre de l'intérieur.

ART. 16.

Les traités à passer pour l'exécution, par entreprises, des travaux d'ouverture des nouvelles voies publiques et de tous autres travaux communaux déclarés d'utilité publique, dans lesdites villes, sont approuvés par décrets rendus en conseil d'État.

Il en est de même des traités portant concession, à titre exclusif ou pour une durée de plus de trente années, des grands services municipaux desdites villes, ainsi que des tarifs et traités relatifs aux pompes funèbres.

ART. 17.

Les dispositions de la présente loi et celles de la loi du 18 juillet 1837, et du décret du 25 mars 1852, qui sont encore en vigueur, sont applicables à l'administration de la ville de Paris et de la ville de Lyon.

Les délibérations prises par les Conseils municipaux desdites villes, sur les objets énumérés dans les articles 1er et 9 de la présente loi, ne sont exécutoires, en cas de désaccord entre le Préfet et le Conseil municipal, qu'en vertu d'une approbation donnée par décret impérial.

Aucune imposition extraordinaire ne peut être établie dans ces villes, aucun emprunt ne peut être contracté par elles, sans qu'elles y soient autorisées par une loi.

Il n'est pas dérogé aux dispositions spéciales concernant l'organisation des administrations de l'assistance publique, du mont-de-piété et de l'octroi de Paris.

TITRE III.

Renouvellement des Conseils municipaux.

ART. 18.

A l'avenir, les Conseils municipaux seront élus pour sept ans.

TITRE IV.

Dispositions diverses.

ART. 19.

Dans le cas où une commune sera divisée en sections pour l'élection des Conseillers municipaux, conformément à l'article 7 de la loi du 5 mai 1855, la réunion des électeurs ne pourra avoir lieu avant le dixième jour, à compter de l'arrêté du Préfet.

ART. 20.

Les gardes champêtres sont chargés de rechercher, chacun dans le territoire pour lequel il est assermenté, les contraventions aux règlements de police municipale. Ils dressent des procès-verbaux pour constater ces contraventions.

ART. 21.

Nul ne peut être maire ou adjoint dans une commune, et conseiller municipal dans une autre commune.

ART. 22.

La commission nommée en cas de dissolution d'un Conseil municipal, conformément à l'article

13 de la loi du 5 mai 1855, peut être maintenue en fonctions pendant trois ans.

ART. 23.

L'article 50 de la loi du 5 mai 1855 est abrogé.

Toutefois, dans les villes chefs-lieux de département ayant plus de quarante mille âmes de population, l'organisation du personnel chargé des services de la police est réglée, sur l'avis du Conseil municipal, par un décret impérial, le Conseil d'État entendu.

Les inspecteurs de police, les brigadiers, sous-brigadiers et agents de police sont nommés par le Préfet, sur la présentation du Maire.

Si un Conseil municipal n'allouait pas les fonds exigés pour la dépense, ou n'allouait qu'une somme insuffisante, l'allocation nécessaire serait inscrite au budget par décret impérial, le Conseil d'État entendu.

ART. 24.

Toutes les dispositions de lois antérieures demeurent abrogées en ce qu'elles ont de contraire à la présente loi.

MINISTÈRE DE L'INTÉRIEUR.

Division de l'Administration communale et hospitalière.

Ville de Paris (Seine).

Loi du 24 juillet 1867 sur les Conseils municipaux.

Paris, le 12 août 1867.

MONSIEUR LE PRÉFET, j'ai eu l'honneur de vous adresser une circulaire sur les dispositions de la loi du 24 juillet 1867, concernant les attributions des Conseils municipaux. Je n'ai que peu de mots à ajouter à ces instructions, pour vous entretenir des articles de la loi nouvelle qui concernent spécialement l'administration de la ville de Paris.

En vertu de l'article 17 de cette loi, ses dispositions sont applicables à la municipalité de Paris, ainsi que les articles encore en vigueur de la loi du 18 juillet 1837, modifiés par le décret du 25 mars 1852. Le corps municipal de Paris cessera donc d'être placé sous le régime incertain et transitoire où l'avait laissé l'article 74 de la loi du 18 juillet 1837 : ses fonctions seront désormais soumises aux règles du droit commun.

Les articles 1 et 9 de la loi nouvelle ont attribué aux Conseils municipaux le droit de prononcer, avec un pouvoir de décision propre, sur diverses affaires d'intérêt communal. Ces attributions seront exercées par le Conseil municipal de Paris. Le législateur ne pouvait, en effet, refuser aux membres éminents dont se compose l'administration municipale de Paris la confiance qu'il a accordée à celles des autres communes.

Vous remarquerez, toutefois, qu'en appliquant à la ville de Paris les articles qui précèdent, le législateur y a apporté une modification qui est la conséquence des règles spéciales auxquelles est soumise l'organisation municipale de Paris.

Le droit de statuer sur les objets énumérés par les articles précités n'est accordé aux Conseils municipaux que si l'avis du Maire est favorable à la mesure votée par le Conseil municipal. En cas de désaccord entre le Maire et le Conseil, c'est au Préfet que la loi réserve le pouvoir de décider.

Pour appliquer le même principe à la ville de Paris, où les fonctions de maire sont remplies par le Préfet, la loi a dû réserver à un pouvoir supérieur le droit de prononcer, dans le cas où un désaccord se produirait entre le Préfet et le Conseil municipal.

Aussi l'article 17 décide-t-il que, dans cette hypothèse, il est statué par un décret.

Les articles 15 et 16 de la loi qui concernent spécialement les villes ayant 3 millions au moins de revenus s'appliqueront désormais à la ville de Paris. Ainsi, les budgets de la ville seront soumis à l'approbation de l'Empereur, sur ma proposition, et je statuerai, de plus, par application des articles 34 et 60 de la loi du 18 juillet 1837, sur toutes les demandes de crédits supplémentaires faites en cours d'exercice, sur les chapitres additionnels et sur les comptes administratifs. Vous voudrez bien me transmettre ces documents, en temps utile, avec toutes les justifications nécessaires pour motiver les propositions que je devrai soumettre à l'Empereur, ou éclairer les décisions que j'aurai à prendre.

Vous m'adresserez également, conformément à l'article 16 :

1° Les traités à passer pour l'exécution, par entreprises, des travaux d'ouverture de nouvelles voies publiques et de tous autres travaux communaux déclarés d'utilité publique ;

2° Les traités portant concession, à titre exclusif et pour une durée de plus de trente années, des grands services municipaux ;

3° Les tarifs et traités relatifs aux pompes funèbres.

Ces différents projets seront approuvés par décrets rendus en Conseil d'État.

Enfin, les règles auxquelles sera désormais soumise l'administration financière de la ville de Paris sont complétées par l'article 17, paragraphe 3, aux termes duquel une loi sera toujours nécessaire pour autoriser la ville de Paris, soit à contracter un emprunt, soit à s'imposer une contribution extraordinaire.

Le paragraphe final de l'article 17 dispose qu'il n'est pas dérogé aux règles spéciales concernant l'organisation des administrations de l'assistance publique, du mont-de-piété et de l'octroi de Paris.

Ainsi, Monsieur le Préfet, l'organisation et la comptabilité de l'octroi continueront à être régies par les dispositions de l'ordonnance du 22 juillet 1831.

En ce qui touche les institutions de l'assistance publique et du mont-de piété, la loi nouvelle, tout en maintenant les dispositions spéciales qui président à l'organisation du personnel de leurs services, place leur administration sous l'empire des règles du droit commun qui concernent les établissements communaux de bienfaisance. Néanmoins, ces deux établissements, dont les revenus excèdent 3 millions, seront soumis aux prescriptions exceptionnelles qui régissent la ville de Paris. Vous devrez me transmettre leurs budgets, qui seront approuvés par l'Empereur. Vous aurez également à m'adresser, avec toutes les pièces à l'appui, les demandes de crédits supplémentaires faites en cours d'exercice, les chapitres additionnels et les comptes administratifs. Je statuerai sur ces matières en vertu des articles 34 et 60 de la loi du 18 juillet 1837, que la loi du 7 août 1851 a rendus applicables aux établissements de bienfaisance.

Lorsqu'il y aura lieu de procéder à la nomination du directeur, des membres du conseil de surveillance, des médecins, chirurgiens et pharmaciens de l'assistance publique, vous continuerez à me soumettre vos propositions, conformément à la loi du 10 janvier 1849 et à l'arrêté du 24 avril suivant. De même, en ce qui concerne la nomination du directeur et des membres du conseil de surveillance du mont-de-piété, les prescriptions du décret du 24 mars 1852 sont toujours en vigueur.

Je vous prie, Monsieur le Préfet, de vouloir bien m'accuser réception des présentes instructions, qui complètent celles que vous avez reçues précédemment sur l'ensemble des deux premiers titres de la loi municipale.

Le Ministre de l'intérieur,

LA VALETTE.

MINISTÈRE DE L'INTÉRIEUR.

Division de l'Administration communale et hospitalière.

Ville de Lyon (Rhône).

Loi du 24 juillet 1867 sur les Conseils municipaux.

Paris, le 12 août 1867.

MONSIEUR LE PRÉFET, j'ai eu l'honneur de vous adresser un exemplaire de ma circulaire en date du 3 août 1867, concernant les attributions confiées aux Conseils municipaux par la loi du 24 juillet dernier.

Un article spécial de cette loi déclare ses dispositions et celles de la loi du 18 juillet 1837 et du décret du 25 mars 1852, qui sont encore en vigueur, applicables à la ville de Lyon. Le Conseil municipal sera donc appelé à statuer sur les objets énoncés aux articles 1er et 9 de la loi nouvelle.

Mais l'article 17 soumet la ville de Lyon à deux dispositions exceptionnelles. Comme le Préfet remplit à Lyon, en vertu du décret du 24 mars 1852, les fonctions exercées dans les autres communes par les maires, la loi nouvelle ne l'a pas investi du droit de trancher les contestations qui pourraient s'élever, entre le Conseil municipal et lui, au sujet des mesures votées par application des articles 1 et 9. Dans le cas où le Préfet et le Conseil se trouveraient en désaccord, les délibérations ne seront exécutoires que sur l'approbation donnée par décret impérial.

En second lieu, aucune imposition extraordinaire et aucun emprunt concernant la ville de

Lyon ne pourront, d'après l'article 17, être autorisés que par une loi.

Les articles 15 et 16 de la loi nouvelle sont relatifs aux villes et établissements de bienfaisance dont les revenus ordinaires excèdent 3 millions. La ville de Lyon rentre dans cette catégorie; en conséquence, son budget sera soumis à l'approbation de l'Empereur sur ma proposition, et les marchés qu'elle passera sur les objets énumérés par l'article 16, devront être approuvés par des décrets rendus en Conseil d'État.

Quant aux hospices de Lyon, ces établissements n'ayant que 2,650,000 francs de revenus, ne tombent pas, quant à présent, sous l'application de l'article 15; mais si, pendant trois années consécutives, leurs recettes ordinaires atteignaient le chiffre de 3 millions, leur budget devrait être soumis à l'approbation de l'Empereur.

Dans une semblable hypothèse, la même règle devrait être appliquée aux bureaux de bienfaisance de Lyon, qui, comme vous le savez, doivent être prochainement réunis en un seul établissement, s'il est donné suite au projet de décret dont le Conseil d'État est, en ce moment, saisi.

Ces observations, dont je vous prie de m'accuser réception, complètent, en ce qui concerne la ville de Lyon, les instructions que vous avez reçues sur l'ensemble des deux premiers titres de la nouvelle loi municipale.

Le Ministre de l'intérieur,

LA VALETTE.

TABLE ALPHABÉTIQUE

DES MATIÈRES.

Paris, imprimerie de Paul Dupont, rue de Grenelle-Saint-Honoré, 45.

www.ingramcontent.com/pod-product-compliance
Ingram Content Group UK Ltd.
Pitfield, Milton Keynes, MK11 3LW, UK
UKHW012023240726
13965UKWH00002B/545

9 782013 079990